秦の始皇帝の霊言 2100

中国・世界帝国への戦略

RYUHO OKAWA
大川隆法

まえがき

北朝鮮危機に続いて、次は中国の世界帝国への野望である。日本という国が「2100」年以降、世界地図の中に残っているかどうかは、正直言って、断言できない。

この国の能天気《のうてんき》さは、「井《い》の中の蛙《かわず》」でなければ、まさしく、「カエルの楽園《らくえん》」そのものであろう。

この国の国論に一本ピシッと筋を通そうとしても、「柳《やなぎ》に風」である。

この国の国民に、独裁国家の覇権戦略《はけんせんりゃく》を迎《むか》え撃《う》つ気概《きがい》がはたして残っていようか。

事《こと》なかれ主義の国には、預言者《よげんしゃ》や救世主《きゅうせいしゅ》の言葉さえ空《むな》しく響いていく。

かつてのユダヤの国のように、千九百年間も祖国《そこく》を亡《な》くして国民がさまよわないことを祈るばかりである。

二〇一七年　十月二十四日

幸福《こうふく》の科学《かがく》グループ創始者兼総裁《そうししゃけんそうさい》　大川隆法《おおかわりゅうほう》

秦の始皇帝の霊言　２１００中国・世界帝国への戦略　目次

秦《しん》の始皇帝《しこうてい》の霊言《れいげん》

2100 中国・世界帝国への戦略

二〇一七年十月二十一日　収録
幸福の科学 特別説法堂《せっぽうどう》にて

「霊言現象《れいげん》」とは、あの世の霊存在の言葉を語り下ろす現象のことをいう。これは高度な悟《さと》りを開いた者に特有のものであり、「霊媒現象《れいばい》」（トランス状態になって意識を失い、霊が一方的にしゃべる現象）とは異なる。外国人霊の霊言の場合には、霊言現象を行う者の言語中枢《ちゅうすう》から、必要な言葉を選び出し、日本語で語ることも可能である。

なお、「霊言」は、あくまでも霊人《れいじん》の意見であり、幸福の科学グループとしての見解と矛盾《むじゅん》する内容を含《ふく》む場合がある点、付記しておきたい。

秦《しん》の始皇帝《しこうてい》の霊言《れいげん》
2100 中国・世界帝国への戦略

二〇一七年十月二十一日　収録
幸福の科学 特別説法堂《せっぽうどう》にて

始皇帝《しこうてい》（紀元前二五九～同二一〇）

中国、秦《しん》の初代皇帝。第三十一代秦王。名は政《せい》。紀元前二二一年、戦国の六国を滅《ほろ》ぼし、天下を統一。法家《ほうか》思想に基《もと》づく中央集権体制を確立するため、郡県制の施行《しこう》、度量衡《どりょうこう》・文字・貨幣《かへい》の統一、焚書坑儒《ふんしょこうじゅ》による思想統一、阿房宮《あぼうきゅう》・陵《りょう》墓《ぼ》の造営などを進める。また、匈奴《きょうど》を攻撃《こうげき》して万里《ばんり》の長城《ちょうじょう》を修築し、南方に領土を拡大、中国東北部よりベトナム北部に及《およ》ぶ大帝国を形成した。

質問者　※質問順

酒井太守《さかいたいしゅ》（幸福の科学宗務《しゅうむ》本部担当理事長特別補佐《ほさ》）
綾織次郎《あやおりじろう》（幸福の科学常務理事　兼《けん》「ザ・リバティ」編集長　兼　ＨＳＵ講師）
武田亮《たけだりょう》（幸福の科学副理事長　兼　宗務本部長）

［役職は収録時点のもの］

1　北朝鮮《きたちょうせん》有事の次に迫《せま》る米中激突《げきとつ》

「世界と世界史の見取り図」を発信し続ける幸福の科学

大川隆法　今日（二〇一七年十月二十一日）は衆議院議員総選挙の投票日前日なので、全体の流れとは合っていないのですが、私たちには、選挙のあとに、また、「世界の見取り図」や「世界史の見取り図」を出していく仕事があるので、早めに次のステップの準備に入ったほうがよいのではないかと思っています。この仕事は終わりません。

そこで、今日は「秦《しん》の始皇帝《しこうてい》の霊言《れいげん》」を収録したいと思います。実は、私の講演後のアンケート調査で、当会の会員の方から、「秦の始皇帝の霊言が欲《ほ》しい」という声が出てはいたので、二、三カ月の間、気にかけていたのです。

中国は、軍事大国にとどまらない「ある種の世界帝国《ていこく》」を目指している

大川隆法　今、中国では、習近平《しゅうきんぺい》氏が中国共産党中央委員会総書記としての五年の任期を終え、二期目である次の五年間での権力を固めるために、中国共産党大会を開催《かいさい》しているところです。

中国では、今のところ、「国家主席の任期は二期十年まで」と憲法に定められており、「党大会時に六十八歳《さい》以上の人の再任はない」という制約があるのですが、「習近平氏が、これを打破し、三期目もできるところまで強引《ごういん》に持っていこうとするかどうか」ということも、今回、注目されています（注。習近平氏は一九五三年生まれの六十四歳。二期終了《しゅうりょう》時点で六十九歳となる）。

10月18日、北京《ペキン》で開かれた中国共産党大会の開幕式の様子。

　そして、中国のこれからの見取り図としては、「軍事大国」を目指していることは明らかですが、同時に、「ある種の世界帝国《ていこく》」をも目指しているようです。それは、出てくる情報を見れば分かります。今の中国は〝軍事大国で世界帝国〟のようなものを目指しているのです。

　中国は、マルキシズムの平等思想もまだ残ってはいるのですが、経済のほうでは、鄧小平《とうしょうへい》以降、多少、自由主義経済を取り入れているので、貧富の差が生じています。そのため、「誰《だれ》もが裕福《ゆうふく》になるかたちでの平等に持っていきたい」というような考えも出てきてはいます。それが実現できれば、いちばんよいのでしょう。

　軍事大国で世界帝国的な中国圏《けん》が広がり、さらに、中国が「誰もが豊かさの平等を享受《きょうじゅ》できるような国」になるのかどうかは分かりませんが、それが、習近平氏の

中国共産党大会の開幕式に出席する（左から）胡錦濤《こきんとう》前総書記、習近平総書記、江沢民《こうたくみん》元総書記。

考える〝理想の国〟なのかもしれません。

毛沢東《もうたくとう》、鄧小平《とうしょうへい》と並ぼうとしている習近平《しゅうきんぺい》氏

大川隆法　政治のスタイルには、一つは、アメリカ的なもの、すなわち、近現代のデモクラシーを中心として、「自由と民主主義の帝国」を世界に広げていこうとするものがあります。そして、もう一つ、一般的《いっぱん》には「独裁者による専制」や「全体主義」といわれるものもあります。

後者は古くからあるもので、国王や皇帝などといわれる方が一手に全権を握《にぎ》って支配するスタイルです。これも数としては多いので、これ自体をイレギュラーとは必ずしも言えません。時代によって何が強くなるかは、分からない面はあると思います。

この点について考えたとき、中国では、「秦の始皇帝」という存在が一つ見えてきます。

中華《ちゅうか》人民共和国の歴代トップのなかで、毛沢東《もうたくとう》と鄧小《とうしょう》平《へい》は〝特別な地位〟にありますが、今、習近平《しゅうきんぺい》氏は、この二人に並ぶ〝特別な地位〟に就《つ》こうとしています。

　そのモデルとしては、私の霊言に登場している、ジンギスカン（チンギス・ハン）的なものもあるかもしれないとは思いますが、もう一つ、「秦の始皇帝」も、中国人であれば、当然、頭のなかにあるものの一つではないかと思っています（注。習近平氏の過去世《かこぜ》は、モンゴル帝国の初代皇帝チンギス・ハンであることが判明し、すでに二〇一〇年時点で公開している。『世界皇帝をめざす男』『中国と習近平に未来はあるか』（共に幸福実現党刊）参照）。

『世界皇帝をめざす男』（幸福実現党刊）

『中国と習近平に未来はあるか』（幸福実現党刊）

2　中国の「皇帝《こうてい》システム」の原型――秦《しん》の始皇帝

秦の始皇帝、その業績

大川隆法　秦《しん》は二代で潰《つぶ》れた帝国《ていこく》なので、評判は、それほど芳《かんば》しいものではありません。

ただ、始皇帝が行《おこな》ったことのなかには、「悪政」と言えるものもある一方で、当時においては非常に先進性があり、「ほかの国が見習うようなもの」もあったのではないかと思います。

少なくとも、現在、宇宙空間から地球を見下ろしたとき、はっきりと見えるものは、秦の始

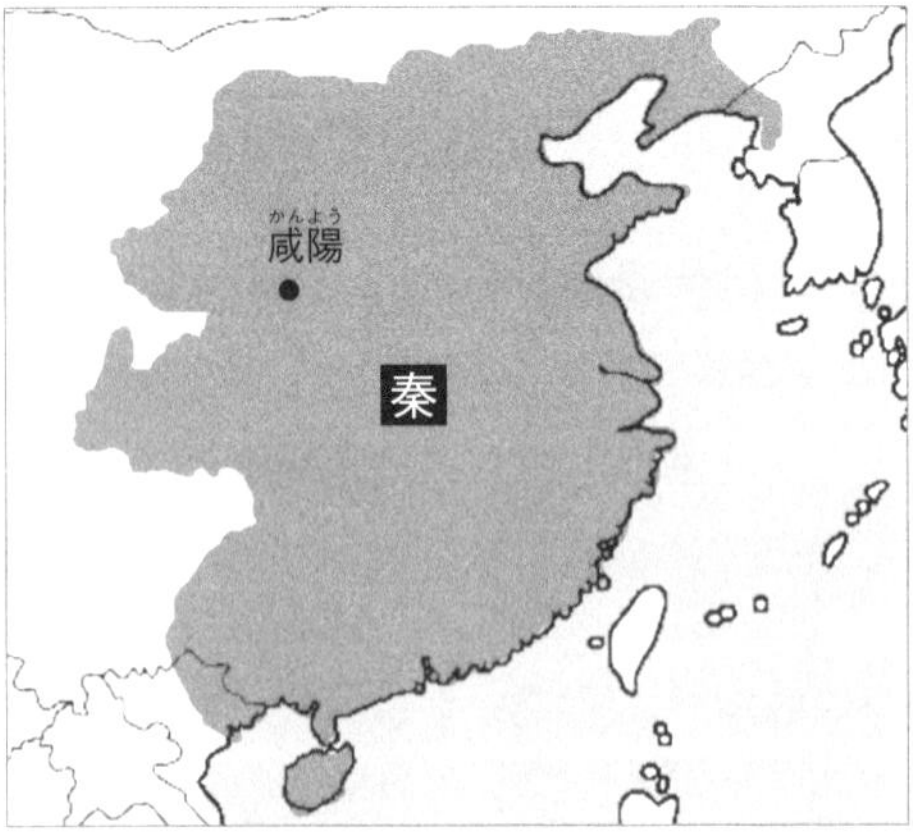

紀元前210年ごろの秦の版図《はんと》。

皇帝がつくった「万里《ばんり》の長城《ちょうじょう》」と、あとは、エジプトの「ピラミッド」ぐらいでしょう。そのあたりが、「文明があった」ということの証拠《しょうこ》になるものです。

トランプ米大統領であっても、メキシコとの間の壁《かべ》でさえ、予算の都合《つごう》上、そう簡単にはつくれず、少しケチろうとして、「一部には金網《かなあみ》があってもよいのではないか」などと言い出しているので、万里の長城をつくるのは大変なことだったのだろうと思います。

始皇帝には、それだけの「税金」を集め、大勢の人に「強制労働」をさせる力があったのです。これは、そうとうなものだと思います。

匈奴《きょうど》という遊牧民族による、外国からの侵略《しんりゃく》を防ぐために、「万里の長城を築い

万里の長城（北京市北東部懐柔《かいじゅう》区軍都）。現存する長城のほとんどは、明朝《みんちょう》時代に復元されたもので、人工壁《へき》の延長は6,259.6kmに及ぶ。

て、どこからも入れないようにする」というのは、ある意味で、壮大《そうだい》な計画です。今、そんなことができるかというと、できないかもしれないと思うので、始皇帝がものすごい権力を一代にして握《にぎ》ったことは確実です。

彼は、長城の建設以外にも、さまざまなことをしました。「郡県制」を全土に適用して、中央集権的な政治を行い、「度量衡《どりょうこう》や文字、貨幣《かへい》の統一」「交通網《もう》の整備」「行政の能率化」等も実施《じっし》しているので、中央集権国家として、そうとう効率のよいものを目指したことは明らかです。先進性は確かにあります。

始皇帝が歴史に落とした影《かげ》

大川隆法　始皇帝が行ったことのなかで評判の悪いものは、思想・言論の統制である「焚書坑儒《ふんしょこうじゅ》」です。儒

焚書坑儒（作者不明、18世紀）。

者を捕《つか》まえて殺したり、儒教の書物等を火で焼いたりしたことについては、後世まで悪く言われています。

そういう面から見ると、「ヒットラー的な存在なのではないか」と見えなくもありません。彼には進歩的に見えるところもあるのですが、「だんだんに民心は離《はな》れていった」と言われています。

また、「阿房宮《あぼうきゅう》という宮殿《きゅうでん》を築いて、全国から集めた美女三千人をそこに住まわせた」とも言われています。これは国王や皇帝の理想と言えば理想かもしれませんが、「三千人」となると数字が大きいので、どこまで信じてよいかは分かりません。

金正恩《キムジョンウン》も、「できることなら、始皇帝のようになってみたい」と思っているでしょう。国は小さくても、彼にはそのようなところがあると思います。

復元された阿房宮（陝西省《せんせいしょう》西安市《せいあんし》）。

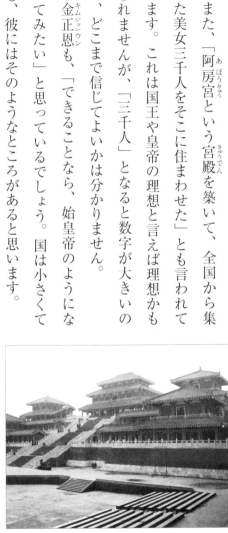

始皇帝は、晩年、不老不死の欲望に取り憑《つ》かれ、「秘薬」を求めて●徐福《じょふく》を東方の地に送りました。「その徐福が日本にも来た」という伝説も数多く遺《のこ》っています。

ところが、始皇帝が「不老不死の薬」だと思っていたもののなかに、実は水銀が入っていて、その水銀の毒が体に回り、始皇帝は死んでしまったらしいのです。このあたりは医学的な後《おく》れの問題ではありますが、始皇帝は四十九歳《さい》で亡《な》くなったようです。

しかし、四十九歳で亡くなったにしては、彼が遺したものはかなり大きかったのです。

当時の中国では、韓《かん》の国や魏《ぎ》の国、楚《そ》の国、燕《えん》の国、斉《せい》の国、趙《ちょう》の国と秦とが争っていたのですが、そのなかにあって、彼は秦の王として十三歳で即位《そくい》し、一気

●徐福（生没年不詳）　中国秦代の神仙の術を駆使する方士。始皇帝の命により、童男童女など数千人を伴って、「東海上の三神山《さんしんざん》」に不老不死の薬を求めて旅立ったとされる。日本でも各地に徐福に関する伝説が残っている。（左）徐福像（和歌山県新宮市）、（右）紀元前 219 年に出航した徐福の船（歌川国芳《うたがわくによし》画、1839 ～ 1841 年）。

に中国全土を統一しました。

中国では国が分かれて争っている時期が長いので、「全国統一」はけっこう大きな夢なのです。しかし、なかなかそれが実現できず、各国が争っている「群雄割《ぐんゆうかっ》拠《きょ》」が普通《ふつう》の状態なのですが、彼は統一をやってのけたので、そうとうなものだと思います。

さて、この人の霊《れい》は、今の中国に何らかの影響《えいきょう》を与《あた》えているのかどうか。直近《ちょっきん》では、北朝鮮《きたちょうせん》の問題など、朝鮮半島をめぐる軍事的な紛争《ふんそう》が近づいているように感じるのですが、そういうことを、どう見ているのか。また、中国と、アメリカやインド、その他との関係を、どう見ているのか。

今日は、そのようなことも知りたいと思います。

今、中国は、「一帯一路《いったいいちろ》」構想等で、「〝陸のシルクロード〟と〝海のシルクロード〟をつくり、アフリカからヨーロッパまでを自分たちの影響圏《けん》に置こう」としています。これは、「ジンギスカンかアレクサンダーか」というぐらいの規模の発想です。

この人の霊は、こういうものに何らかの影響を与えているのか。あるいは、これについて何か意見があるのか。

また、日本に対して何か考えがあるのか。

このあたりについて、質疑応答を通じ、真実に迫《せま》っていきたいと思います。

恨《うら》みも生んだ、その強権の考え方とは

大川隆法　秦という帝国は、始皇帝の息子《むすこ》の代で途絶《とだ》えます。そのあと、国が乱れて項羽《こうう》と劉邦《りゅうほう》の時代が始まるのですが、結局、劉邦が漢《かん》の国を建てました。

まだ秦の始皇帝が生きていたときのことですが、後《のち》に劉邦の名参謀《さんぼう》になった張良《ちょうりょう》●が始皇帝の暗殺を企《くわだ》てました。

力士を雇《やと》い、巨大《きょだい》な鉄球に鎖《くさり》を付け、それをハンマー投げのようなかたちで力士に投げさせ、行幸《ぎょうこう》中の始皇帝が乗っている車にぶつけようとしたのです。「当たっ

●張良（前3世紀～同186）　中国の秦末期から前漢初期にかけての政治家、軍師。秦の始皇帝の暗殺に失敗した後、劉邦（漢の高祖）の謀臣《ぼうしん》となり、多くの作戦を立案するなどし、漢王朝の成立に大きく貢献した。蕭何《しょうか》（宰相）や韓信《かんしん》（大将軍）と共に「漢の三傑」とされる。『真の参謀の条件』（幸福実現党刊）参照。

たら即死するだろう」と思い、練習までして、小高い所から飛ばしたのですが、残念ながら、暗殺に失敗しました。

当時は、現代のようには精巧《せいこう》なテロができず、始皇帝を殺すことができなかったので、そのあと、張良は逃《に》げ、姿を隠《かく》して雌伏《しふく》しました。そして、劉邦が出てきたとき、その軍勢に参加したのです。

そういう話も物語としては書かれています。

そのように、始皇帝は、すごい強権の持ち主であると同時に、人々から恨《うら》まれ、妬《ねた》まれもした方です。この人が生前に行ったことから見れば、死後、地獄《じごく》に堕《お》ちていてもおかしくはないと思うのですが、紀元前二一〇年に死んだ人なので、二千年間も堕ちているかどうかは分かりません。その後、天上界《てんじょうかい》に上がっている可能性はあるかもしれません。ですから、「この人は、どんな考えを持っているのか」「この人は、今、どのような仕事をしているのか」ということについても、関心がないわけではありません。

始皇帝は、万里の長城や水路などをつくり、中央集権制度を敷《し》いたけれども、「阿房宮に女性を三千人も集めた」「焚書坑儒をした」と批判されることもあります。秦は長くは続かなかった国ですが、秦には、今、中華《ちゅうか》人民共和国が持っている傾向《けいこう》に少し似たものがあるような気はします。

現代中国に影響《えいきょう》を与《あた》える秦《しん》の始皇帝を招霊《しょうれい》する

大川隆法　始皇帝を招霊《しょうれい》するのは今日が初めてなのですが、今朝《けさ》、チラッと呼んでみたところ、日本語を話せるようではあったので、日本語で収録ができるのではないかと思います。

人物が大きいかもしれないので、質問者がうまくお相手できるかどうかは分かりませんが、もし、この人が何らかの影響《えいきょう》を中国等に与《あた》えているとしたら、その霊言《れいげん》は、今後の世界戦略や世界の地図を考える上で、やはり、参考にはなるはずなので、（質問者たちに）よろしくお願いします。

それでは、秦《しん》の始皇帝をお呼びいたしまして、「国家のあり方」、「アジアや世界の今後のあり方」、「自分独自の考え」等について、お話を伺《うかが》えれば幸いかと思います。

万里の長城を築かれました、高名な秦の始皇帝よ。
どうぞ、幸福の科学に降りたまいて、そのお心の内を明かしたまえ。
秦の始皇帝よ。
秦の始皇帝よ。
どうか、幸福の科学に降りたまいて、そのお心の内を明かしたまえ。
よろしくお願いいたします。

（約十五秒間の沈黙《ちんもく》）

秦の始皇帝（紀元前259～同210）

7つの有力国が並び立つ戦国時代において、わずか13歳で秦の王位を継ぐ。楚《そ》の国出身の法家《ほうか》・李斯《りし》を重用して、強大な軍事力と経済力を蓄えると、韓《かん》、趙《ちょう》、燕《えん》、魏《ぎ》、楚、斉《せい》を次々に併合。39歳で中国大陸を統一してからは、従来の「王」に代わり、「始皇帝」を名乗るようになる。

『韓非子《かんぴし》』を信奉していた始皇帝は、法治主義による統治を目指し、中央集権による「郡県制」を導入。通貨や度量衡、荷車の軸幅、漢字書体などを統一し、道路や運河の整備も進めて、経済発展に寄与した。一方、阿房宮《あぼうきゅう》や始皇帝陵、万里の長城などの建設に何十万人もの人員が動員され、多くの民《たみ》が犠牲となった。また、先王への尊重を説く儒教を敵視して、諸子百家の書物を中心に焼き払い（焚書《ふんしょ》）、さらに、儒者が始皇帝を非難していると聞くと、儒者460人余りを生き埋め（坑儒《こうじゅ》）にするなど、暴虐な面もあった。

後年、神仙思想に傾倒した始皇帝は、不老不死の秘薬を求め続けたが、49歳で死去。

皇帝の地位は末子の胡亥《こがい》が継承したが、クーデターにより失脚。秦王朝は統一からわずか15年で滅亡した。

3　中国の歴史二千年を支配する「考え方」

「今後は中国の時代になる」

始皇帝　うん。ウウン（咳払《せきばら》い）。

酒井　おはようございます。

始皇帝　うん。うん。

酒井　秦《しん》の始皇帝様でいらっしゃいますか。

始皇帝　うん……、うーん。うん。

酒井　本日はまことにありがとうございます。

先般《せんぱん》、十月十八日に中国共産党の党大会が開かれまして、習近平は、「社会主義現代化強国を目指す」ということで、世界の……。

始皇帝　ああ、もう、呼び捨てるのはやめたほうがいいよ。

酒井　えっ？

始皇帝　「習近平」とか呼び捨てるのはやめたほうがいいよ。

酒井　あっ、呼び捨てはいけないんですね。はい。

始皇帝　うん。今、事実上の皇帝《こうてい》なんだから、中国のね。

酒井　「皇帝」ですか。なるほど。ということは、何か、すごくご関係が……。

始皇帝　いや、そんなことを言ってるんじゃなくて、君は、ただの〝日本のサラリーマン〟なんだから、立場をわきまえなさい。

酒井　はい。

始皇帝　中国でそういう言い方をしたら、〝即処刑《そくしょけい》〟されるんだから。

酒井　そうですか。分かりました。

習近平国家主席が、「二十一世紀の半《なか》ばまでに、社会主義現代化強国を目指す。世界のトップを目指す」ということをおっしゃっていました。まず、このあたりの未来の見込《みこ》みについて、どのようにお考えになるかということを……。

始皇帝　まあ、そうなるんじゃないの？　うん。

酒井　なるほど。ただ、そうは言っても、経済的には、不動産バブルや設備の過剰《かじょう》等の問題もあり、本当にもつかどうかという面もありますけれども、この先、中国はこのまま発展していくというようにお考えであるということでよろしいですか。

始皇帝　まあ、中国の時代になるんじゃないの？

中国共産党大会で演説した習近平国家主席は、今世紀中頃までに、「近代化した社会主義強国」を実現し、「総合的な国力と国際的な影響力で、世界のトップレベルの国家になる」と宣言した。

酒井　なるほど。

「秦《しん》はチャイナの語源。中国の所有権は私にある」と主張する始皇帝

酒井　以前、胡錦濤《こきんとう》前国家主席の守護霊霊言《しゅごれいれいげん》（『国家社会主義とは何か』〔幸福の科学出版刊〕参照）のなかで、「秦《しん》の始皇帝からご指導を頂いている」と……。

始皇帝　おお。

酒井　「それによって、経済的には非常に発展し、すごく進んでいるんだ」ということをおっしゃっていましたけれども。

始皇帝　ほお。胡錦濤（の守護霊）が？

酒井　はい。そのころから、やはり、ご指導はなされていらっしゃったんですか。

始皇帝　そんなことはない。

酒井　違《ちが》うんですか。

始皇帝　二千年やってますから、それは。

酒井　あっ、中国に関しては、もうすべてご指導なされていらっしゃるんですか。

始皇帝　まあ、「この二千年ぐらいは、ほぼ、私が支配している」と言ってもいいのかなあ。

酒井　そうすると、秦の末期に「陳勝《ちんしょう》・呉広《ごこう》の乱」が起き、それから項羽《こうう》と劉邦《りゅうほう》の時代があって、漢《かん》がつくられたわけですけれども、あの漢という国も始皇帝が指導なさったんですか。

始皇帝　うん？　うーん……。まあ、私に〝所有権がある〟からねえ。うん。

酒井　所有権がある？

始皇帝　うーん。この国に関してはね。

酒井　土地の所有者であるということですね。

始皇帝　秦っていうのはねえ、「チャイナ」の語源だからね。

酒井　そうですね。はい。

始皇帝　うん。チャイナというのは、私の国なんだよ。

酒井　はい。それでは、シナを統一されたということで、まず初めにお伺《うかが》いしたいのは、どのようにして、群雄割拠《ぐんゆうかっきょ》している時代から統一を成し遂《と》げたのか、このあたりの秘訣《ひけつ》についてお伺いできればと思います。

始皇帝　うん。まあ、（私自身は）〝人類最高の存在〟だろうから、それは、そうなるべくしてなったと言うしかないわなあ。

酒井　確かに、ほかの方ではできなかったのですけれども。

始皇帝　それは、「天意」であったし、「民意」でもあったし、「倣《なら》うべきものがなかった」というだけのことだわな。うん。

酒井　思想的には、法家《ほうか》思想というものが……。

始皇帝　うーん、まあ、そういう考えもあるのかもしらんけど、そういう〝一派〟として捉《とら》えられるのは、問題はあるわなあ。〝すべてを持っておった〟からね。うん。

「中国で言えば、日本は小国の一つ、天皇はその国王」

綾織　その秦を建国し、中国の統一をされてから、結局、この「皇帝システム」というものがその後ずっと続いているということでは、ある意味で、中国という国のあり方を決めたのが、秦の始皇帝様でいらっしゃるかと思います。

始皇帝　うん。うん。

綾織　そういう意味でも、歴代の帝国、皇帝をすべて細《こま》かく指導されてきたということでしょうか。

始皇帝　まあ、できるだけね、そうするようには努力したわなあ。「乱れてはまとまり、乱れてはまとまり」の繰《く》り返しだからなあ。なかなか一本調子には行かないからな。

綾織　はい。

始皇帝　ただ、日本では、天皇とかいうのが二千何百年か治めていると言うが、日本っていうのは、中国で言やあ小さい国一つなので、天皇と言っても「国王」だわな。だから、「国王が続いている」と。

中国は、国が何度もいっぱい起きてはおるけれども、皇帝は、天意を受けて何百年かぐらいはやったりすることはあっても、また天意が変われば、変わる。そういう、国というか王朝を替《か》えることでね、新しい文明に対応するようなシステムであったわけだな。うーん。

「この二千年、『天帝《てんてい》』がいるとすれば、それは私」

綾織　少し気になりますのは、中国には「天帝《てんてい》」という、いちばん高い神様がいらっしゃるわけですけれども、その方とのご関係というのは？

始皇帝　うん？

綾織　革命を起こすときには、ある意味、天帝の命令といいますか、「今がその時だ」というような命《めい》が下《くだ》ってくると思うのですが。

始皇帝　少なくともこの二千年では、天帝という人がいるとすりゃあ、私しかいないだろうなあ、ああ。

綾織　あっ、そういうご認識でいらっしゃるわけですね。

始皇帝　ああ、チャイナは私のものだから。アハハ（笑）。

綾織　なるほど。では、新しい国をつくるとき、国が滅《ほろ》びるとき、すべてにかかわっていると考えてよいでしょうか。

始皇帝　もう、孔子《こうし》もなあ、孔子が亡《な》くなるより前に弟子《でし》が亡くなったら、「天、われを喪《ほろ》ぼすか」とか言うとったが、おお、そのとおりじゃ。「おまえを滅ぼしてやる」ということで、あいつの書いたものはみんな焼いてやったぞ。

綾織　孔子様のことはお嫌《きら》いなんですね。

始皇帝　うん？　まあ、あんまり好きではないな。ああ、〝腐《くさ》れ儒者《じゅしゃ》〟っていうかな。議論ばかりして、何も実践《じっせん》ができない。ハッ。君らの政党みたいなもんだ。口だけで、何にも実際はできないし。

綾織　いえ。幸福実現党については、また後《のち》ほどお伺いしたいと思うんですけれども。

始皇帝　ああ、それは別にしようか。今はな、まあ、傷口に塩を塗《ぬ》り込むわけには
いかんわな。うん。

綾織　いえいえ。

4 変貌《へんぼう》する巨大《きょだい》な経済

単なる社会主義国家から「もっと豊かな国」へと変貌しつつある中国

綾織　「焚書坑儒《ふんしょこうじゅ》」というかたちで、孔子《こうし》思想というものをなくしていこうとされました。ただ、その孔子様の遺《のこ》したものとして、その流れのなかには「官僚制《かんりょう》」というもの、これはある意味、「中国の皇帝《こうてい》システムの一部」だと思うんですけれども、これはこれで遺ってきているわけですよね？

始皇帝　うん。

綾織　これについては認めているということなんですか。

始皇帝　まあ、何て言うか、儒教の年功序列的なものの考え方を、社会システムの安定に応用したということであろうがね。
　肝心《かんじん》の孔子自体は、何にも役に立たなかった。もう、ものの役にも立たない。あ、〝高等遊民〟だからな、ただの。フフフッ（笑）。それを使った人のほうが賢《かしこ》いということだな。うーん。

綾織　なるほど。そのようにして、歴代の帝国が続いてきているわけですが、共産党が治める現代の中国は、私たちの理解としては、一般的《いっぱん》に「社会主義国」というように理解するんですけれども。始皇帝様としては、「今までの皇帝システムのなかの一つ」というように理解されている、あるいは、そのように導かれているということなのでしょうか。

始皇帝　うん、似たもんじゃないか。私がつくったものみたいなのが続いていくようなシステムを、今、目指してるんじゃないの？　まあ、親子では続かないけどね。（引き継《つ》ぐのは）他人《たにん》にはなってはおるが。いちおう、それは、世界の「民主主義」とかいうものの影響《えいきょう》を受けてはおるから、「代表を選出する」というかたちで、任期を決めてやっているようではあるけれども。

基本的には、秦《しん》の帝国が続いていくようなシステムを目指しているものだというふうに、私は理解している。

綾織　ほう。

始皇帝　それを「社会主義」と言うのかどうかは、私にはよく分からないけれども、全国をまとめ上げるシステムではあるので。それを何と言うのかは、それは、呼び方は自由ではあるけれどもね。

「社会主義」っていうのは、何かちょっと、現代的な言い方をしすぎているような気もしないでもないんだが、現在の中国そのものは、そういう、いわゆる社会主義国家という意味での社会主義から見ればズレてはきているので。今、もっと豊かな国を目指してやってはいるのでねえ。

だから、必ずしも、そういう考えでもなかろうとは思っておるんだがなあ。ああ。

綾織　「豊かな国を目指す。国民が豊かな生活をする」ということは、始皇帝様も目指されていることなんですね。

始皇帝　私も、それは目指しておったんだがなあ。

だから、たかが万里《ばんり》の長城《ちょうじょう》をつくったぐらいで国民が疲弊《ひへい》するとは、まあ、ちょっと残念ではあったがな。うーん。

酒井　まあ、「国民が豊か」というよりは、「国が豊か」ということではないでしょうか。当時、かなりの重税を課されていたということを聞いております。

始皇帝　でもねえ、〝近代国家〟をつくれば、富の再生産システムがつくれると思っていてね。国富を増大するっていうことは、どこの国も目標だからねえ。

酒井　うーん。

始皇帝　「国を富ませる」っていうことはね、戦国時代であっても、どこの国王もみんな目指したことであるので。結果的に、その国富をつくれるところまで、そういう仕組みをつくれるか、その仕組みをつくる前に、重税感が強くて潰《つぶ》れたり反乱が起きたりするか、まあ、このへんは難しい兼《か》ね合いだわなあ。うーん。

酒井　難しいですね。当時の秦も、やはり、重税感があって、反乱が起きようとしていた。それで、十五年ぐらいで滅《ほろ》びてしまったわけですが。

始皇帝　うーん。

中国も、日本が明治期に経験したような「技術による国富づくり」を

酒井　今の中国も国富を急成長させようとしていますけれども、このあたりはどうお考えですか。今の経済体制等については。

始皇帝　そうだなあ。うーん、まあ、短期的に、ここ二、三十年ということで見れば、成長して、成功して、世界の大国になってきたように見えてはいるわなあ。ただ、それが永続するシステム的なものになるかどうかは、それはまだ予断を許さないところはあるかもなあ。

いわゆる資本主義国家とは、ちょっと違《ちが》う面があることはあるのでな。

酒井　そうですね。先日の党大会では、習近平《しゅうきんぺい》総書記が「軍事的にも世界一流を目指していく」ということでありましたので。

始皇帝　だろうね。

酒井　さらに、重税といいますか、国家にお金を集めないといけないですよね。

始皇帝　うーん。だから、アラブのね、石油のところを押《お》さえるっていうのは、当然、考えているだろう。

それから、中央アジアのほうもね、〝弾丸《だんがん》鉄道〟を通して、かつてのソ連の領域を侵《おか》すつもりはあるだろう。そして、ヨーロッパまでつないで、ヨーロッパの先進的な部分はあるから、「技術」とか「製品開発力」とか、そういうものは取り入れていって。日本が明治にやったような、西側のいいところは、いいところで吸い込《こ》んでいくつもりではあって、技術等によって国を豊かにしようと考えているだろうとは思うんだよなあ。

ただ、十四億になりなんとする人口、これを食べさせていかなければいけないからね。もっともっと、「食糧《しょくりょう》」から、いろんな「インフラ」、また、「交易の重要さ」等、国家運営がそうとう難しいことは事実だわなあ。

酒井　そうですね。

十六世紀から植民地支配をした欧州《おうしゅう》に取って代わろうとする中国

酒井　もし、中国がこれからさらに外に出ていく場合には、ヨーロッパ、あるいはロシアやアメリカなど、各国には各国なりの思惑《おもわく》もありますよね。そのあたりは、一本調子で中国の拡大というものがなされるのかどうか。

始皇帝　うーん、まあ、それは分からんな。仮想敵としては、アメリカ、インド、それから、ロシアがもう一回復活するかどうか、分からないなあ。

だから、勢力的には、日米が組んで、「日米型の文明」をまだまだ続けたいという気持ちがあるだろう。

酒井　はい。

始皇帝　まあ、その影響下にヨーロッパも置きたいという気持ちはあるだろう。

しかし、ヨーロッパのほうは、今、中国との結びつきも強くなってきてはいるので。「現代のシルクロード」をつくっているのでなあ。

酒井　はい。

始皇帝　ここは、中国との交易をやめられなくなってきたら、まあ、地続きであるので、ある意味では、海を隔《へだ》てたアメリカよりも緊密《きんみつ》になってくる可能性はあるし、アフリカにも、今、触手《しょくしゅ》を伸《の》ばしているのでね。

一五〇〇年ごろから、ヨーロッパが東へ東へと植民地をつくってきたけれども、今度は、中国から西のほうに向けて、自分たちの……、まあ、植民地とは必ずしも言えないかもしらんけれども、影響下にある国々をまとめ上げるということを、今、チャレンジしているところではあるわな。

酒井　今、まさに、このアメリカとの関係においては、まだ、経済的にはアメリカ優位ではありませんか。

始皇帝　いや、もう、もうすぐじゃないかな。もう一代ぐらいで、逆転はするんじゃないかなあ。

酒井　アメリカに?

始皇帝　だから、習近平氏が、もう一期やって十年?　さらにもう一期やれば十五年になるけれども、まあ、次の代に移るかどうかは別にしても、そのくらいまでで、アメリカには完全に追いつき、追い越《こ》せるというふうには読んでると思うよ。

5 中国が狙《ねら》う世界戦略

中国的〝安定〟と〝統一〟の価値を世界に

綾織　先ほど、「中国型文明」とでもいうような話がありました。

今は、「欧米《おうべい》型文明」ということが、ある程度言えるかと思うのですけれども、こちらは、「自由と民主主義を軸《じく》に、政治も経済もやっていきましょう」という考え方です。

それに対し、「中国型文明」というのは、「中国の皇帝《こうてい》がすべてを治める」というかたちになるのでしょうか。

始皇帝　うーん、まあ、君らの考えも分からないことはないんだけども、十四億いる国民に、「民主主義」という名のなあ、投票権で国を振《ふ》り回すことを許したら、国が分裂《ぶんれつ》するもとになるから。思想の自由や、政治見解によって国が分裂していくようなことを、容易に許すわけにはいかないんでね。

やはり、〝統一〟と〝安定〟には、それが生み出す大きな価値もあることはあるんでね。

そういう意味での、完全な個人の信条や政治的自由や、あるいは、宗教の名を借りた国家に対する挑戦《ちょうせん》等は退《しりぞ》けつつも、その民主主義の理念としては、「努力した者には金儲《かねもう》けをさせてやる」ぐらいの裁量権を与《あた》えるというあたりで妥協《だきょう》してるのが、今のシステムだな。

アフリカを「食糧庫《しょくりょうこ》」にし、欧州《おうしゅう》を「委託《いたく》先工場」にする

綾織　そのシステム、考え方が、「中国型文明」として、今おっしゃったような、ヨーロッパやアフリカなどにも広がっていくという理解でよろしいのでしょうか。

始皇帝　うん、うん。まあ、小国だからね、どこもね。だから、〝住み分け〟だわな。

アフリカ等は、中国の食糧《しょくりょう》を供給する、重要な食糧供給先に切り替《か》えていかねばならんから。大規模な農業の指導をしながらね。食糧等を供給して、中国が輸入するかたちのものに変えていきたいし。

ヨーロッパのほうは、中国が必要とする、もうちょっと高次な、発展した、いわゆる資本主義形態のなかで必要とするものを委託《いたく》してつくらせる工場であり、また、サービスであり、まあ、いろんなものをな。アメリカに完全に支配されないようにするために、ヨーロッパで、そういう高度なものをつくらせて、〝太い絆《きずな》でつないでしまう〟っていうことだわなあ。

中東を勢力圏《けん》に置き、「エネルギーの供給源」にする

酒井　そうしたときに、ヨーロッパの近くには中東がありますけれども、中東との関係、イスラムとの関係はどう考えていますか。

始皇帝　うーん、まあ、イスラムは、基本的には呑《の》み込《こ》むつもりではいるんだがな。

酒井　どのように呑み込みます？

始皇帝　あそこはエネルギーの供給源だからねえ。

だから、いちばん欲《ほ》しいのは……、まあ、食糧も要《い》るのは要るんだが。もとは中国も「農業国家」ではあるけれども、今はもう、とても十四億は養えないので、ほかのところからも農産物を買わねばならんけれども。エネルギーのところは、もう、

ちょっと、国内だけでは需要《じゅよう》は賄《まかな》えないので。戦略物資でもあるんでねえ。だから、「中東のところを完全に勢力圏《けん》に押《お》さえる」っていうことは大事なところでね。ここは、ヨーロッパも「押さえたい」と思うし、アメリカも押さえたいと思ってるし、まあ、日本も押さえたいと思っておるであろうから、ここのところを制するものが、やっぱり、二十一世紀を生き延びる国家になるだろうなあ。

酒井　「唯物論《ゆいぶつろん》国家・中国」と「信仰《しんこう》国家・イスラム」というのは、思想的には、まったく相容《あいい》れないですよね。

始皇帝　いやあ、一緒だよ。うん。私を「アッラー」（の位置）に置けば、それで一緒だろう。

酒井　では、それこそ、中国の習近平《しゅうきんぺい》総書記が「アッラー」を名乗ると。

始皇帝　というかさあ、イスラム教国って、アッラーだけが神様で、あとはみんな、〝軍隊アリ〟みたいな人間なのよ、イスラムの考えは。だから、中国と変わらないのよ、ある意味では。

皇帝っていうか、なんか、そういう〝一つ図抜《ずぬ》けた存在〟が要るんだよね、まとめるためにはね。象徴《しょうちょう》的には、そういう存在が要るんだけど、あとはみな、ただの〝軍隊アリ〟なのよ。アラブの考えも、イスラムもそうなのよ。だから、わりあい似てるんで。

まあ、その宗教的なものを、どういうふうにうまく取り込んでいくかだが、それは、軍事的優位を持てば、押さえることは押さえられるんでないかとは思ってる。

酒井　そうすると、ウイグル自治区のようなかたちになるのですか。

始皇帝　今、アメリカがね、イスラエルの危機が起きるから、アラブの諸国に核《かく》兵器を持たせないように、北朝鮮《きたちょうせん》に言ってるのと同じようなことを、イランをはじめ、ほかの国にも圧力をかけとるわな。核兵器を持てば、みんなでイスラエルに攻撃《こうげき》に入るからね。で、イスラエルは核武装してるという状態だわな。

これ（イスラエル危機）でアメリカが押《お》さえ込まれている間に、こちらのほうは、中国の抑止力《よくしりょく》のなかに、中東を押さえ込みに入る。中国の核戦力で、中東を完全にカバーする。「ヨーロッパからもアメリカからも護《まも》る」というかたちになれば、日本がアメリカの支配下にあるのと同じ状態に、中東諸国もなるので。

うーん、〝油の供給源の台所〟は、だいたい押さえておこうとは思ってるけどなあ。

米中のパワーバランスを、二〇五〇年までに引っ繰《く》り返す

綾織　その路線で行きますと、当然、どこかでアメリカと正面衝突《しょうとつ》をすることにな

ってくると思います。

習近平総書記は、「世界一の軍隊をつくる」というようにもおっしゃっていますので。

始皇帝　うん。そのつもりだよ。

綾織　アメリカと、どこかで実際に戦って、排除《はいじょ》するということなのですか。

始皇帝　まあ、今は、まだちょっとだけ、ちょっとだけ時間を稼《かせ》ぐ必要があるとは思っているけれども、遅くとも二〇五〇年、だから、今から三十三年後ぐらいまでには、完全に国力は引っ繰《く》り返ると思ってるんで。それで、アメリカの衰退《すいたい》が続くようなら、差はもっと開《ひら》いてくるだろうね。

日本は、いずれ〝板挟《いたばさ》み〟だからね。アメリカにつくなり、中国につくなり、まあ、好きにしてくれればいいんで。〝金魚の糞《ふん》〟のような存在だから、どちらでもいいよ、それは。

綾織　もう、日本はあまり眼中にはないと。

始皇帝　ない。〝ちっちゃな国〟だからね。資源もないし、何もない国だから。まあ、台湾《たいわん》みたいなもんさ、日本っていうのは。

綾織　なるほど。

6　中国が狙《ねら》うアジア戦略

「北朝鮮《きたちょうせん》は中国人民解放軍が支配する」

綾織　先ほどのアメリカの話に戻《もど》りますが、今年からトランプ氏が大統領に就任し、二期八年できるかは分かりませんけれども、少なくとも、あと三年ちょっとは任期を務められます。

そして、おそらく、北朝鮮《きたちょうせん》を崩壊《ほうかい》させたあとは、「中国に対して包囲網《ほういもう》を敷《し》いていき、力を弱めようとする流れ」になっていくのではないかと思われます。

始皇帝　それは無理だ。それは無理だよ。アメリカほどねえ、自分の軍隊の人命が失われるのを恐《おそ》れる国は少ないんでね。まあ、日本はもっとかもしらんが。朝鮮半島に数万ぐらいの軍隊しか送れないようじゃ、そんなことは無理。不可能だよ。
それはねえ、中国人民解放軍による支配が始まりますから。うん。

綾織　それは、どこまでを考えているのですか。太平洋の……。

始皇帝　いや、いやあ、アメリカ。

綾織　アメリカ？

始皇帝　トランプ氏も、要するに、北朝鮮を政権崩壊させて統治しようとしたら、米軍で全部をやろうとは言わないと思うよ。
で、今の及《およ》び腰《ごし》の日本が、朝鮮出兵して、向こうで統治できるかっていったら、できやしない。たぶん、それは無理ですから。

だから、「(北朝鮮を) 統治するのは中国になる」だろうね。

綾織　なるほど。これは、まさに今起こっている、北朝鮮の危機に直接かかわってくるんですけれども。

始皇帝　そうだね。

綾織　もし、戦端《せんたん》が開かれることになったら、一つの可能性として、中国の人民解放軍が地上軍を出し、北朝鮮を制圧するということも……。

始皇帝　考えてる。

綾織　あ、考えている?

始皇帝　うん、考えてる。

綾織　ほう。これは、習近平《しゅうきんぺい》総書記も同じ考えということで……。

始皇帝　考えてる。

綾織　ああ。

始皇帝　というか、「今はアメリカと争うときではない」という判断をしているので、今は〝協調国〟で構わない。

綾織　なるほど。

始皇帝　（米中で）協調してやるということになれば、実質上は（北朝鮮は）中国の支配下に入るからね。アメリカのほうは、軍隊を百万人も送れませんよ。

綾織　なるほど。

始皇帝　軍事予算もかかりすぎるからね。もう、それはやめたいし。日本が、今、北朝鮮にノコノコ出ていって統治するなんて、できるわけがないのでね。やっぱり、手っ取り早いのは、「ロシアに頼《たの》むか、中国に頼むか」で、それなら、中国だろうね。まあ、だから、そこはうまくやってるわなあ、今のところ。

朝鮮《ちょうせん》半島全体を徐々《じょじょ》に中国の支配下に置いていく

綾織　では、中国が北朝鮮《きたちょうせん》を統治するとして、そのあとは、どのように持っていきますか。韓国《かんこく》も含《ふく》めて、何をお考えですか。

始皇帝　まあ、体制は一緒《いっしょ》だからねえ。そんなに中国と変わらないけど、経済的繁《はん》栄《えい》が足りないだけですから。中国と一体化して、「中国の自治州の一つ」にしてしまえばね。

綾織　あっ、「自治州」ですか。

始皇帝　モンゴル自治区やウイグル、その他のところにも、〝弾丸《だんがん》列車〟が走ったりして経済発展して、巨大《きょだい》なマンションが建ったり工場が建ったりして発展しているように、北朝鮮にも資本が入れば、大規模な開発等で潤《うるお》ってくることにはなるから。経済的には、今よりはグッとよくなるだろうねえ。

綾織　それでは、もう、完全に中国の一部なんですね。「北朝鮮」として残るわけではないんですね。

始皇帝　うーん、まあ、名前はどうするかはね、韓国の片付け方も残ってるからねえ。どうするかは、やらなきゃいけないけど、北朝鮮を、完全にアメリカや日本人の支配下に置くつもりはない。

まあ、その後、韓国をどっちが取り込《こ》むかだけど。今はアメリカが取り込んではいるけれども、二十年以内には、中国とアメリカの力関係が、経済的にも軍事的にも変わってくるはずなので。

その間《かん》で、この北朝鮮と韓国の統一意欲？　朝鮮半島に統一意欲があることはあるから。まあ、親戚《しんせき》も南北に分かれてるからねえ。「生きているうちに統一したい」っていう悲願は持ってるから、そこんところを〝お膳立《ぜんだ》て〟して。

アメリカを、貿易等の経済的利益のみを享受《きょうじゅ》させるところで満足させることができれば、朝鮮半島の統一を中国の指導下に置いて行うということができる。日本では、おそらくは、かつての朝鮮併合《へいごう》の反作用から、日本人は反省しきりであるから、そういうことはもうできないだろうねえ。

酒井　とすると、やはり、「朝鮮半島全体を中国の支配下に置く」という構想なのですね。

始皇帝　置くね。少なくとも、「実質上の支配下」には置くね。

酒井　ああ。

始皇帝　完全に「植民地にする」とか、「併合する」かどうかは別だけども、実質上、中国の支配下に。

酒井　実質上ですね。

始皇帝　これは、朴槿恵《パククネ》なんかは、そういうふうにしてほしそうに、ずいぶん中国に来ておったからねえ。

酒井　うーん、そうですね。

始皇帝　だから、アメリカは〝遠い〟わね。あまりにもね。

酒井　では、アメリカとの関係においては譲歩《じょうほ》しつつ、実質的なコントロールを狙《ねら》うということですね？

始皇帝　まあ、（中国とは）〝地続き〟だからね。中国が拡大していく範囲《はんい》内で、それは自動的に吸い込まれるわねえ。

台湾《たいわん》、香港《ホンコン》は「挟《はさ》み撃《う》ち」にする

酒井　とすると、その南にある台湾《たいわん》、あるいは、現在すでに実質的なコントロールが始まりつつある香港《ホンコン》といったあたりについては、どのくらいのスパンで考えられていますか。

始皇帝　台湾に関しては、今、〝挟《はさ》み撃《う》ち〟を考えているところだとは思うんだけどね。

だから、フィリピンを、「アメリカの支配圏《けん》」から「中国の支配圏」に移行させることを、今やってるところなんで。軍事的にも経済的にも、どっちが手なずけるかっていうことで、今やってるところですが、フィリピンを中国経済圏に完全に組み敷くことができて、落としてしまえば、間にある台湾や香港等は、もはやどうにもならなくなって、中国圏のなかに入る。

酒井　軍事的に押《お》さえ込んでいくんですね。

始皇帝　昔はフィリピンに米軍基地があって、「また戻ろうか」という動きもあるけれども。まあ、今、小さな島とか、そういうところには中国軍を置いたりしているけども、フィリピンに中国の軍事基地が建設されて、実効支配をする。

酒井　実効支配をするということですね。

始皇帝　とすれば、台湾や香港は逃《に》げ場を失うので、実質上、〝挟み将棋《しょうぎ》〟だな。

酒井　そうすると、その近くにあるベトナムあたりまで……。

始皇帝　ああ、もちろん、これは支配する気満々でおる。

酒井　なるほど。

始皇帝　昔は、あのあたりまでは「交州《こうしゅう》」といってね、中国の一省であったので。

酒井　今回の共産党大会で、習近平総書記は、「南沙《なんさ》諸島は自分の成果である」と言っていましたけれども、あのあたりも完全に支配下に置くということですね？

中国による埋め立てが進み、ビルが建設された南沙諸島のケナン礁《しょう》（2015年5月）［フィリピン国軍関係者提供］。

始皇帝　今、（アメリカは）北朝鮮の問題を抱《かか》えておるし、中国の協力がなければ、たぶん、解決はできないので。まあ、アメリカが南沙諸島を攻撃《こうげき》するところまでの力があるとは、私たちは思っていないのでね。

酒井　「今は」ですよね？

始皇帝　まあ、無理だろうね。だから、実効支配は、どんどん進めていきますから。

習近平《しゅうきんぺい》氏が生きているうちに、オーストラリアまでを支配する

酒井　ただ、北朝鮮問題が解決した場合、アメリカは、そこに注力せずともよくなりますので、実質的には、中国との〝一騎討《いっきう》ち〟に向けて戦略を練っていくはずだ

中国が南シナ海・ジョンソン南礁につくった構造物。右から灯台、風力発電用風車、レーダー用とみられる施設。（2016年5月29日）［ベトナム紙タインニエン提供］

とは思うのですけれども。

始皇帝　まあ、逃げながら火矢《ひや》を射かけてるようなもんだからね、アメリカの現在のあり方はね。アメリカ自体が衰亡《すいぼう》の危機で、もう、「アメリカ・ファースト」と言って、アメリカに利益が落ちるように全部、海外に散らばった勢力を、今、集めようとしてるところなんで。

まあ、流れとしては、「一国を護《まも》る」というスタイルになってるし、日本があまりにも〝凡庸《ぼんよう》な国〟であるので、日本と同盟したところで、先行きに何らプラスはないだろうから。

中国は「戦略性」があるからね。「戦略性」を持って、いろいろな地域を支配しようと考えている。日本に戦略はまったくないし、アメリカのほうは、「撤退戦略」しか今は持っていないのでね。

実質上、タイやベトナムやミャンマーあたりも含めて、あるいは、マレーシア、フィリピン、シンガポール、オーストラリア、このあたりまでは、あなたがたが生きている間に支配するつもりで、計画はできている。

対ロシア、対インドの戦略

酒井　とすると、もう一つの大国としてロシアがありますけれども。

始皇帝　まあ、大国とはいえ、〝一回敗れた国〟だからね。

酒井　少なくとも、軍事力はまだあります。

始皇帝　まあ、（中国は）中央アジアから今、取りに入っている。ヨーロッパと〝挟み撃ち〟のかたちで、ここを支配下に置くことを、今、考えてる。

酒井　支配下に置くんですね。

始皇帝　うん、うん。

酒井　今は、中国とロシアは協調関係をつくっていますけれども。

始皇帝　プーチン一人だからね、今やっておるのは。

中国の国家主席っていうのは、十年ごとぐらいには出していけるシステムが、いちおうできてはいるから、私の秦《しん》の国のように、すぐに滅《ほろ》びはしないのでね。

酒井　そうすると、残るのはインドですよね。

始皇帝　まあ、インドが少し食わせものだな。人口がもう十三億まで来ておるので、これが「次の大国」になってくるし、中国に牽制《けんせい》をかけようとするものとしては、日本もアメリカも、インドに資本を投入して〝盾《たて》にしよう〟とすることは考えるであろうからね。中国とは仮想敵になるだろうなとは、いちおう推定している。

それから、シルクロード、「一帯一路《いったいいちろ》」戦略を邪魔《じゃま》するものがあるとしたら、インドの可能性は極《きわ》めて高いので、インドも何とか支配圏に収めなければならないが。

酒井　収めることはできるのでしょうか。

始皇帝　まあ、宗教大国であるし、多数の神々が存在する国で、ある意味で対極的な国ではあるので、結局、国力の競争ということにはなるだろうね。

酒井　では、もしインドが、「インド・アメリカ・日本」というかたちで非常に強固な同盟を組んだ場合、どうなりますか。

始皇帝　いやあ、すでに動きとしては、やっているとは思うよ。その動きだろうとは思うが。

まあ、あそこも英国に長く植民地にされていた国であるからねえ。

だから、「文明としての成熟度がどの程度か」という戦いにはなるわな。アニミズム的な、猿《さる》でも象でも何でも神様みたいな（笑）、そんな信仰《しんこう》だから、これは〝後進国〟と見て、これを一掃《いっそう》する、唯物論《ゆいぶつろん》思想でいったん洗い流してしまう必要はあるかねえ。

7　中国の対米戦略

トランプ大統領は「アメリカの最後の輝《かがや》き」

綾織　トランプ大統領本人については、今の時点でどのように見られていますか。

始皇帝　うーん、まあ、ロウソクが消える前の、パッといったん燃え上がる、「最後の輝《かがや》き」なんじゃないのかな。

綾織　ただ、トランプ大統領は意外にも、思想的には非常にしっかりとされています。

最近でも、キューバやベネズエラ政権の腐敗《ふはい》を指摘《してき》し、「共産主義や社会主義は国民の自由を奪《うば》い、国民を不幸にする体制だ」ということで、かなりストレートに、共産主義、社会主義そのものを批判していました。

これは、北朝鮮《きたちょうせん》にも中国の今の体制にも当てはまることです。「もしかすると、トランプ大統領が中国の体制を壊《こわ》すのではないか」という見方もできるわけですが、どう思われますか。

始皇帝　まあ、南北アメリカだねえ、アメリカの近《きん》隣《りん》の国は、〝アメリカが嫌《きら》いな国〟が多いからねえ。（アメリカは）メキシコだって、これも本当は占領《せんりょう》して国を変えたいぐらいの気持ちはたぶん持ってるだろうと思うけど、ベネズエラとかキューバとか、こんなのでも手を焼いてるぐらいなので、もし北朝鮮で戦いが起きるなら、力がそんなに残

9月19日、トランプ大統領は国連総会の一般演説のなかで、ソ連やキューバ、ベネズエラなどを挙げ、「社会主義や共産主義を受け入れた国々は、人々に苦痛と荒廃をもたらした」と述べた。

ってはいないから。

北朝鮮の次は、やっぱり、イランに圧力をかけて、同じことをやろうとすると思うが、イスラエルを護《まも》ろうとするところで〝墓穴《ぼけつ》を掘《ほ》る〟かな、たぶんね。力が足りないね。

「日本の首相は単なる飾《かざ》り、民主主義は幻想《げんそう》だ」

綾織　その流れで、日本の首相についてもお伺《うかが》いしたいと思うんですけれども。

始皇帝　うん、うん。

綾織　今日（十月二十一日）は、衆議院解散総選挙の最終日です。「自民党が勝つのではないか。公明党と合わせて、ある程度の安定多数を得るのではないか。それで、自民党政権の政治が続いていくことになるだろう」というように言われています。これを、どのように見られていますでしょうか。

始皇帝　だからねえ、アメリカの「二大政党制で交替《こうたい》して統治する」なんていうのも、〝極《きわ》めてバカげたシステム〟であって、〝内乱を織り込《こ》んだようなシステム〟なんでね。こんなものは、〝歴史のゴミ〟として片付けられるシステムなので、いずれ滅《ほろ》びると思う。

日本は二大政党システムさえ立たずに、「多極制」になろうとしている。要するに、われわれの時代で言えば、国が乱立しているような状態に近いので、いずれ、政党としては機能しなくなるだろうね。

「民主主義」なんていうのは、君ねえ、幻想なんだよ、ただの。

綾織　ああ、幻想ですか。

始皇帝　だから、「主権在民」なんて、こんなのはねえ、アヘンだよ（笑）。

綾織　アヘンですか。

始皇帝　アヘンにしかすぎない。騙《だま》してるんだよ。権力者っていうのは、いつも〝一握《ひとにぎ》り〟なのでね。アヘンですよ。

綾織　「一方的に国民を支配し、コントロールすれば、それでいい」ということなんですか。

始皇帝　まあ、安倍《あべ》も長期政権を狙《ねら》っておるんだろう。プーチンや習近平《しゅうきんぺい》風に皇帝《こうてい》化しようと狙ってるだろうが、どっこい、日本の土壌《どじょう》はそんなもんじゃなくて、鳥《とっ》取砂丘《とりさきゅう》に宮殿《きゅうでん》を建てようとしてるようなものだから、「名あって実なし」というのが実態だろうね。〝飾《かざ》り〟だよ。

だから、日本は「飾り、飾り、飾り」で全部やってるから。皇室も飾り、首相も飾り、政党も実は飾りなんだよ。

8　十四億の巨体崩壊《きょたいほうかい》を防ぐ防衛戦略

中国国内の「内乱」を抑《おさ》える考え方

綾織　「民主主義は幻想《げんそう》」というお話でしたけれども……。

始皇帝　幻想ですよ。

綾織　「民主主義システムは内乱を織り込《こ》んでいる」というお話もありました。

始皇帝　うん。

綾織　ただ、秦《しん》の時代は、まさに内乱がたくさん起きて、結局、あっという間に強固な中央集権システムが崩《くず》れてしまったわけです。「民主主義は幻想だ」とおっしゃいますが、一方で、「強固な中央集権体制もまた、弱いところはある」ということだと思うのです。

やはり、今後の中国の未来を考えたときに、民主化運動のような内乱が各地でたくさん起きて、結局はコントロールが利《き》かなくなるという懸念《けねん》もされているかと思います。これについては、どのように考えていますか。

始皇帝　まあ、西洋にも優《すぐ》れたところはあるので、使えるところは使うが、国を滅《ほろ》ぼすもとになるような制度や考え方は、できるだけ排除《はいじょ》せねばいかんわね。

今も思想統制はすごく大変なことになっておるし、〝インターネット〟なるものがはびこっておるので、情報警察がすごく忙《いそが》しく活動してるわねえ。日本なんか野放しに近い状態だろうけれども、中国では、そういう具合の悪いものは情報統制を

●**先軍政治**　すべてに優先して軍事に力を入れる統治方式で、毛沢東の大躍進政策等がそのルーツとも言われる。

かけないといけない。

まあ、西洋のものも、「入《い》れるものは入れる」が、やっぱり、中国独自のものを貫《つらぬ》くために、「排除するものは排除する」ということをキチッとしなければいかんだろうねえ。

だから、先軍政治に続く、警察国家的なものが国内では続くだろうと思うし、そう簡単に崩されないように努力するだろうとは思うがなあ。

酒井　ただ、先般《せんぱん》、劉暁波《りゅうぎょうは》氏が亡《な》くなられましたけれども、潜在《せんざい》的には、第二、第三の劉暁波氏がいらっしゃるのではないでしょうか。

始皇帝　まあ、それはねえ、「過大評価」で、君ら外国にいる者が面白《おもしろ》がって、ノーベル賞だ何だと言って、一方の雄《ゆう》のように、項羽《こうう》と劉邦《りゅうほう》みたいに戦うような相手に

●劉暁波（1955 ～ 2017）　中国の人権活動家。1989 年、天安門事件でハンストを決行し投獄される。2008 年、「零八憲章《れいはち》」を起草・発表、2010 年に懲役 11 年の判決を受けた。同年、服役中にノーベル平和賞を受賞。2017 年、末期の肝臓ガンが判明し、後に刑務所外の病院で死去。（上）『中国民主化運動の旗手 劉暁波の霊言』（幸福の科学出版刊）。

持ち上げたがるけど、国内的に見ればねえ、それは、虻《あぶ》を一匹《ぴき》捕《つか》まえて藁《わら》で縛《しば》ってるような状況《じょうきょう》なんで、大したことはないんだよ。

酒井　しかし、秦という国を見れば、始皇帝がお亡くなりになって、国がすぐに崩《ほう》壊《かい》しましたよね。

始皇帝　今の中国は違《ちが》うでしょう？
だから、汚職《おしょく》とかなあ、そういうのを摘発《てきはつ》して、それを同時に政敵排除の原理として使ってはいるけれども。「汚職摘発、排除」ということを大義名分《たいぎめいぶん》に掲《かか》げたら、国民たちは粛清《しゅくせい》を容認するのでなあ。だから……。

酒井　それは、始皇帝がお亡くなりになったあとも同じシステムでした。結局、国内の権力抗争《こうそう》ですよね。

始皇帝　いや、権力抗争は今の中国だってやってますよ。強い者は弱い者を排除していっていますよ。だから、排除したければ、汚職をしたことにすれば排除できるからね。

酒井　そのなかで、国民の不満が出てきています。

始皇帝　国民はねえ、金さえ儲《もう》けさせとりゃ、不満はないよ。

酒井　では、今、中国の全国民は豊かなのでしょうか。

始皇帝　まあ、昔よりはね。

酒井　昔よりは、ですよね。

始皇帝　うん、少なくともな。それは、中華《ちゅうか》人民共和国が建ったときから比べれば、はるかに進んだ暮らしをしていることは感じてるわなあ。

酒井　確かに、共産党の指導部においては、ものすごい巨万《きょまん》の富を蓄《たくわ》えています。

始皇帝　だから、実質上、アメリカ化しているということだわなあ。

どのようにして「格差」をないもののように見せるか

酒井　しかし、地方に行けば、貧しい暮らしをして、食べ物さえままならない状況です。

始皇帝　しかたがないわなあ。
ただ、格差はあるが、日本みたいな小さな国でないから、格差はどうしたって出るからさあ。まあ、「それをどう思想統制して、格差がないように思わせるか」ということは、「統治の原理」だわなあ。

酒井　そうしますと、内乱に対する防御《ぼうぎょ》は万全《ばんぜん》だと言い切れますか。

始皇帝　まあ、少なくとも、内乱のもとになる情報のところは押《お》さえているから。情報管理のところはしっかりしてるのでね。アメリカのＣＩＡなんかよりも、はるかに強力な情報管理をしてるから、そういう相談はできないようになってると思うよ。

酒井　ただ、「インターネットの技術」などというものは、日進月歩《にっしんげっぽ》でどんどん進んでいますので、いつ破られるか分かりませんよね。今のように、〝モグラ叩《たた》き〟のように、いろいろと叩いて抑《おさ》え込んでいるような状況が、本当に続くのでしょうか。現代は、情報が簡単に流通する時代にはなっています。

始皇帝　まあ、歴史を読めばねえ、もちろん、民《たみ》を平等に遇《ぐう》することができれば、それはいいことだけど、実際、富の偏在《へんざい》はある。それで、持たざる者が持ちし者をうらやんで、暗殺を狙《ねら》ったり転覆《てんぷく》を狙ったりすることはある。

そういうときに、だいたい、「悪いことをした人間を呼び出して、そいつを処刑《しょけい》したりすることによって、『こいつが悪いことをしておった』ということで責任を取らせて、民をなだめる」というのが、中国の歴史ではよくあることだ。

今も、そういうことで、市長あたりのレベルでねえ、「市長あたりが金を溜《た》め込んだ」というようなことを言えば、それを処分することによって不満は抜《ぬ》けるわなあ。

実際上、万の単位で暴動みたいなものが起きておるし、自治区でもいっぱい起きておるから。まだまだ軍隊と警察が強くないと治まらない国ではあるけれども、今、「できるだけ目を外に向けさせよう」としているところなので。「外なる敵をつくりながら、それを抑え込んでいく」というところで、できるだけ国としての統一性を出そうとはしている。こちらも、多民族国家ではあるんでねえ。

歴史上、革命を起こすのは「宗教」だから、その動きを注視

酒井　宗教とはかなり相容《あいい》れないように思うんですけれども、実は中国には、地下教会とか、そういったかたちで信仰《しんこう》が潜在的に残っていますよね？

始皇帝　うん、うん、うん。

酒井　このあたりは、本当に防ぐことができるのでしょうか。

始皇帝　まあ、中国の歴史を見りゃあね、革命が起きるときは、いつも宗教が先駆《せんく》者《しゃ》として何か〝悪さ〟をしておるから。革命が起こされる前には、宗教の動きをよく見ておくことが大事なので。

宗教は、すぐ全国に広がって、ネット網《もう》、連絡《れんらく》網をつくるからね。全国一斉蜂起《いっせいほうき》ができるのは、宗教しかないわな。

昔、「太平天国《たいへいてんごく》の乱」とか、「黄巾《こうきん》の乱」とかな、いろんなのがあったけれども、やっぱり、そういうのが起きないように、今の情報警察のところをしっかりしなきゃいけない。

さらに、今、宗教に関しては、思想についての取り締《し》まりを、別途《べっと》、強力にしなきゃいけないな。

●太平天国の乱　19世紀の清朝《しんちょう》期、洪秀全《こうしゅうぜん》を天王とするキリスト教団体・太平天国が起こした反乱。一時は独立国家を宣言、南京《ナンキン》を制圧したが、最終的に鎮圧された。

中国脅威論《きょういろん》の国が仕掛《しか》ける「陰謀《いんぼう》」に対しては？

綾織　先ほど、皇帝《こうてい》システムの話のなかで、「これは永続的なシステムなのだ」というような話をされていましたが、ただ、「予断を許さないところはある」という言葉も頂いています。「今、いちばん懸念されていること」というのは、どういったことでしょうか。

始皇帝　やっぱり、中国が巨大化するのを恐《おそ》れている国々が、ほかにも、外国にあろうからねえ。だから、国内の権力を分断して、派閥《はばつ》争いを強固にして、内乱を起こそうとする陰謀《いんぼう》もあるかもしれないからねえ。

まあ、そのへんはいちばん気をつけなきゃいけないところで。今だったら、もしトップが何らかのかたちで権力を失うことになれば、それは副主席が昇格《しょうかく》するだろうし、そうでなければ、政治局員から昇格してくるだろうから。そのへんは、いち

●黄巾の乱　2世紀の後漢末期に太平道の教祖・張角《ちょうかく》が起こした反乱。最終的に鎮圧されたものの、群雄割拠の三国志時代へと移行する重要な契機となった。

おう、連綿と続くようにはなってはいるんだけども。

二大政党的なものとかなあ、日本みたいに、多極的なものとか、宗教政党みたいなものが出てきたりとかするのは、やっぱり警戒《けいかい》しなきゃいけないわなあ。

だから、そういうふうになる前に、一網打尽《いちもうだじん》にすることが大事だわな。

「経済崩壊論《ほうかいろん》」にどう対処するか

綾織　習近平《しゅうきんぺい》総書記については、「経済がよく分からない」と、よく言われています。実際、今、上海《シャンハイ》の株など、バブルが崩壊《ほうかい》して、今後おそらく、土地の値段やいろいろなものが崩れてくるであろうと思いますが、「習総書記は、それを無理やり抑えつけている。ある意味でごまかしている」という状態です。
ただ、「それも限界が来るだろう」というようには言われています。こうした面からすると、先ほど、「中国を豊かにするのだ」というお話がありましたけれども、「実際には、それはうまくいかないのではないか」という見方も強まっています。

その点は、どのようにお考えでしょうか。

始皇帝　いやあ、それは、君たちのね、日本も含《ふく》めて西側の潜在的期待だからさ。そういうふうに、「壊《こわ》れてほしい」っていう期待を持ってるからさ。ただね、人間は知恵《ちえ》を持っておるからね。知恵を出し合って乗り越《こ》えることは可能さ。日本のような愚《おろ》かなバブル崩壊が、すぐに起きるとは思ってはおらんよ。

武田　ただ、「中国の指導層の人たちも、オーストラリアやカナダなど、他国に資産や家族、親族を逃《のが》したりしている」という現状がありますよね。

始皇帝　あるよ。

武田　ですから、指導部自体も、今の中国の行く末《すえ》を不安視していたり、「次の体制が起きたときに、自分たちが粛清されるのではないか」というような不安を抱《かか》えたりしているのではないかと思うのですけれども。

始皇帝　でも、それはそれで〝賢《かしこ》い〟んじゃないの？

武田　賢いんですか。

始皇帝　うん、うん。日本の政治家たちは粛清されないからさ。別に財産の心配はしていないだろう。

だけど、中国は、統一をかけるために粛清をするからさ。「財産と家族の一部を逃しておいて、いざというとき、危機を察知したら逃《に》げる」ということになっているわけだ。

9　その世界戦略の根源にあるイデオロギー

民主主義を「混乱」と断ずる恐《おそ》るべき人間観

武田　そうしますと、中国という国は、いったい何なのでしょうか。

始皇帝　いやあ、だからねえ……。

武田　「国」として必要があるのでしょうか。

始皇帝　いや、いや。まあ、民主主義みたいなのを、あなたがたはいいことだと思っておるけども、われわれには、いわゆる〝カオス〟、〝混乱〟に見えるわけよ。だから、「混乱の状態が長く続くことはあまりいいことではなくて、やっぱり、人心をまとめることのほうが価値がある」というように見ているわけで。

これは「文明の違《ちが》い」と言わざるをえない。もう、「群雄割拠《ぐんゆうかっきょ》の時代が長く続いても、あまり幸福なことはなかった」という考えなので。それよりは、「何らかの強権が働いてでも、平和的に秩序《ちつじょ》が維持《いじ》されるほうがよろしい」ということでね。

武田　それは、治めている権力者の側からしますと、よく分かる話です。

ただ、先ほど、「権力者というのは、一握《ひとにぎ》りの人たちなのだ」という話もありましたけれども、始皇帝様にとっては、その他、大勢のほとんどの人民、国民、人間というのは、どのような存在だと考えて、治めておられるのでしょうか。

始皇帝　まあ、十四億もいたらねえ、動物と人間との違いは、そんなに大きくはないよ。〝言葉をしゃべるようになった動物〟みたいなところはあるから。

武田　その人間と始皇帝様とは、違いがあるのでしょうか。

始皇帝　それは、「神」と「アリ」ぐらいの違いはあるだろうね。

武田　では、「人間のなかには、神と動物がいる」という理解なのですか。

始皇帝　いや、いちおう、二本足で立って言葉はしゃべる動物だけどな。

武田　その中身の違いは、どのようにお考えなのでしょうか。

始皇帝　中身の違いは、無限に違うだろうね。

武田　具体的には、何が違うのでしょうか。

始皇帝　何が？

武田　その違いというのは？

始皇帝　だから、「十四億の国を、どうやってまとめて食べさせていくかを考える人間」と、「自分の今日の食べ物しか考えていない人間」との間には、それは、そうとうな差はあるだろうよ。

「社会主義はエリートシステム」

武田　では、そうした「その他大勢の人たちの幸福」というのは、どのようにお考えですか。

始皇帝　それはねえ……。

武田　ないですか。

始皇帝　幸福はねえ、一部の選ばれし者たちが、どうしたら幸福になるかを考えてつくっておるもんだよ。これが、あなたがたは「社会主義」と呼んでいるけれども、いわゆる「エリートシステム」といわれているものであって、「エリートの存在を抜《ぬ》きにして、この巨大《きょだい》人口を抱《かか》える国家が成り立つかどうか」ということを考えたときに、やっぱり、支配階層は必要なんですよ。

だから、そういうエリートたちが大勢のことは考えるべきであってね。一般庶民《いっぱんしょみん》たちは、「今日の自分が飢《う》えているか飢えていないか」を考えていて、「飢えている者が多くなってくれば、社会が不安になってくるから、何か手を打たねばならん」

と、それに気づくのが「エリートの使命」ということだな。

酒井　インドも巨大な人口を抱えているわけですが、それでも、中国と同じ体制を取っているわけではないですよね。

始皇帝　いや、まだあそこは分からないよ。だけど、インドも一九九〇年代ぐらいまでは社会主義だったからね。それが崩《くず》れて、今、もっと豊かになろうとしているところであるのでね。

10　中国式・搾取《さくしゅ》の世界経済構想

ケインズ経済をどう見るか

酒井　これから、中国の経済発展については、「七パーセント成長が、実質、そのとおりなのか」ということも考えなければいけないと思うのですが、以前の霊言《れいげん》において、ハイエク様が、実は、「ケインズは始皇帝の生まれ変わりである」とおっしゃっていました（『未来創造の経済学――公開霊言　ハイエク・ケインズ・シュンペーター――』〔幸福の科学出版刊〕参照）。

始皇帝　ふーん。あまり権威《けんい》がないね。そんな新しい人の名前を出されるとね。

『未来創造の経済学─公開霊言　ハイエク・ケインズ・シュンペーター─』（幸福の科学出版刊）

酒井　ご存じないですか。

始皇帝　ええ？　それはなあ、ハイエクなんていうのは、〝ハイエナ〟ぐらいにしか聞こえないんだわ。

酒井　では、ケインズはどうですか。

始皇帝　ええ？　最近の方なんじゃないの？

酒井　（ケインズと）お考えとしては近い？

始皇帝　いや、私は神になってるけれども、ケイン

ケインズ（1883～1946）　イギリスの経済学者。従来の自由放任型の経済理論を批判し、政府による積極的介入の必要性を主張。世界で初めてマクロ経済学を体系化し、「ケインズ革命」と呼ばれる経済学上の大変革を起こした。『未来創造の経済学』（幸福の科学出版刊）、『もしケインズなら日本経済をどうするか』（幸福実現党刊）参照。

ズは神ではないでしょ？

酒井　ちなみに、「ケインズ経済」というのはご存じですか。

始皇帝　うーん？　まあ、かすかにはね。

酒井　実は、「始皇帝の万里《ばんり》の長城《ちょうじょう》の建設などには、ケインズ経済学と似たところがある」と……。

始皇帝　日本だって、やっているのは同じことじゃない。

酒井　はい、そうですね。

始皇帝　やってるでしょ？　土木工事で食ってるんだよ、みんなね。

酒井　現代の中国においても、非常に大量にマンションなどを建てて、設備投資を大量に行いつつ、「どのようにしてバブル崩壊《ほうかい》を防ぐか」ということを、今、考えているのだとは思うのですが、これはケインズ経済的に解決できるのでしょうか。

始皇帝　だからね、そういう「自由主義的な資本主義経済が拡大すると、貧富の差が開《ひら》いて、そして、もたなくなって、大恐慌《だいきょうこう》が来て、みんなを平等にしてくださる」というのがマルクス主義の考えなんじゃないの？　恐慌が来るんだろう？

酒井　ええ。

始皇帝　だから、あなた、「バブル崩壊」って言うけど、別にそれは、もっと行けば「大恐慌」でしょう？　大恐慌が来ることぐらい、もう、とっくに織り込《こ》み済みではあるので。

酒井　織り込み済みですか。

始皇帝　だから、行きすぎて均衡《きんこう》が崩《くず》れたら恐慌が来て、みんな平等にしてくれるのさ。

酒井　では、これからの未来の国際社会についても、まずは「恐慌」を考えていらっしゃるということですか。

始皇帝　だから、〝アメリカ恐慌〟も二回も起きているわけだし、日本だって起きているわけだからね。

「アベノミクス」とかいって、安倍《あべ》首相がやってるのも、たぶん、〝次の恐慌の引き金〟になるだろうよ。経済学的に見れば、あんな非常に不自然なことをやり続けておるわけだから。自分の政権の間だけ景気がいいように見せようとして粉飾《ふんしょく》しているけど、あれは次に引き継《つ》いだときに〝総崩れ〟になるだろうね。

酒井　なるほど。

始皇帝　だから、どこだって起きるので、それは耐《た》えなきゃいけないんだよ。耐えられなければ、政体が変わるからね。

中国の〝下請《したう》け国家〟をつくり、その〝上澄《うわず》み〟を取る世界支配戦略

武田　そうすると、中国の経済というのは、やはり、うまくいっていないんですね？

始皇帝　いってるよ。

武田　いっているのですか。

始皇帝　昔に比べれば、ずっとよくなってる。

武田　ああ、昔に比べればですね？

始皇帝　うん。

武田　ただ、世界的な視野に立てば、「中国の経済」には問題があって、それを他国に輸出しているようにも見えます。例えば、先ほどから話に出ているように、国内では、過剰《かじょう》な投資によって鋼材《こうざい》などが過剰生産になってしまっており、その吸収を他国に頼《たよ》っている状況《じょうきょう》です。

一方、資源や食糧《しょくりょう》は足りなくなって、どんどん外国に取りにいっています。また、地方だけでなく、都心部でも働き口のない人たちがたくさん出ている状況のなか、中国人の労働者とセットで海外のインフラ事業を進めるなど、中国の経済問題を外に持ち出して、その場しのぎをしているように見えます。

これで本当にうまくいっているのでしょうか。

始皇帝　それはねえ、私らの口からは言えないけど、中国も今、〝自由主義経済的な試練〟を受けているわけよ。だから、それぞれの人にチャンスはあるが、ヘマをする人は出てくるので。そうすれば苦しくはなるわなあ。

それで、苦しさから逃《のが》れたいので、どうするかということで、外国に逃れたり、より経済的チャンスがあるところに移ろうとしたり、〝つて〟を頼《たよ》ったり、みんな、いろいろやっとるわけよ。だから、それは、しかたがないけれども。

まあ、昔の時代に比べれば、洞穴《ほらあな》生活、穴居《けっきょ》生活をしていたような人たちが、今、マンションのほうに移ろうとしているわけだからさ。国が建ててくれたマンションに移ろうとして移るけど、金がないから「収入はどうする」というようなことで（笑）、今、「職業づくり」のところで苦しんでいるわけだ。

次は職業を供給しなきゃいけないし、職業がなかったら、外国との交易等で潤《うるお》う人をつくらなきゃいけないし。

〝イナゴの大群〟のようには見えるかもしらんけれども、少なくとも、先軍政治で、軍事的なパワーを蓄《たくわ》えておるので、いざとなれば、その圧力の下《もと》で、もう一段、下部構造としての経済構造を持っている国を〝下請《したう》け〟にして、利潤《りじゅん》のところを中国に引き寄せるようなスタイルをつくるかたちにはなるだろうね。

だから、中国の下請けになる国家、〝下請け国家〟をつくっていって、何とか〝上澄《うわず》み〟のほうを中国が取るスタイルに持っていくことになるだろうから。これが、これから本格的に始動する「世界支配戦略」なんだよ。

人口が増えすぎたら、宇宙にまで出ていく

武田　先ほど来《らい》、「国富を豊かにしていくことが目標」とおっしゃっていました。ただ、現在の中国では、例えば、先ほど、マンション建設の話がありましたが、大量につくってはみたものの、住む人がいなくてゴーストタウン化している所も多いようです。また、海外でもいろいろな投資をしていますが、「非常に無駄《むだ》が出て、不良債権《さいけん》化している」というような現状です。

始皇帝　君、中国の首相でもやっとるのかね。えぇ？

中国遼寧《りょうねい》省丹東《たんとう》市の新都市「丹東新区」にできたゴーストタウン（2015年10月21日）。

武田　いえ、いえ。要するに、投資をしても、結局、「回らない。回収できない。増えない」という中国経済の問題点があるように思うのです。何かが欠けているのではないでしょうか。

始皇帝　他人《ひと》のことを言うより、自分らのことを考えたらどうだね。君らの国は、もう投資さえ、することが何もないいんだから。

武田　いや、ぜひ、始皇帝様に、「欠けている部分」をお教えいただきたいと思うんですけれども。

始皇帝　まあ、最後は「万里の長城」の新しいのをつくったらいいんだから、別に。雇用《こよう》は生むわな、そうとう。二、三億人ぐらいの仕事はつくれるよ。

武田　今の時代もそれが可能だ、と？

始皇帝　まあ、万里の長城をつくるよりは、今、「一帯一路《いったいいちろ》」で〝陸のシルクロード〟と〝海のシルクロード〟と両方つくろうとしてるからね。

　海上交通のルートを開いて、商業を豊かにしようとしているし、陸のシルクロードでは、ヨーロッパ、まあ、今、ドイツまで列車が続いてはいるんだけれども、これを〝弾丸《だんがん》列車〟にしてね。ジェット機より速い速度でチューブのなかを移動する列車をつくって短縮しよ

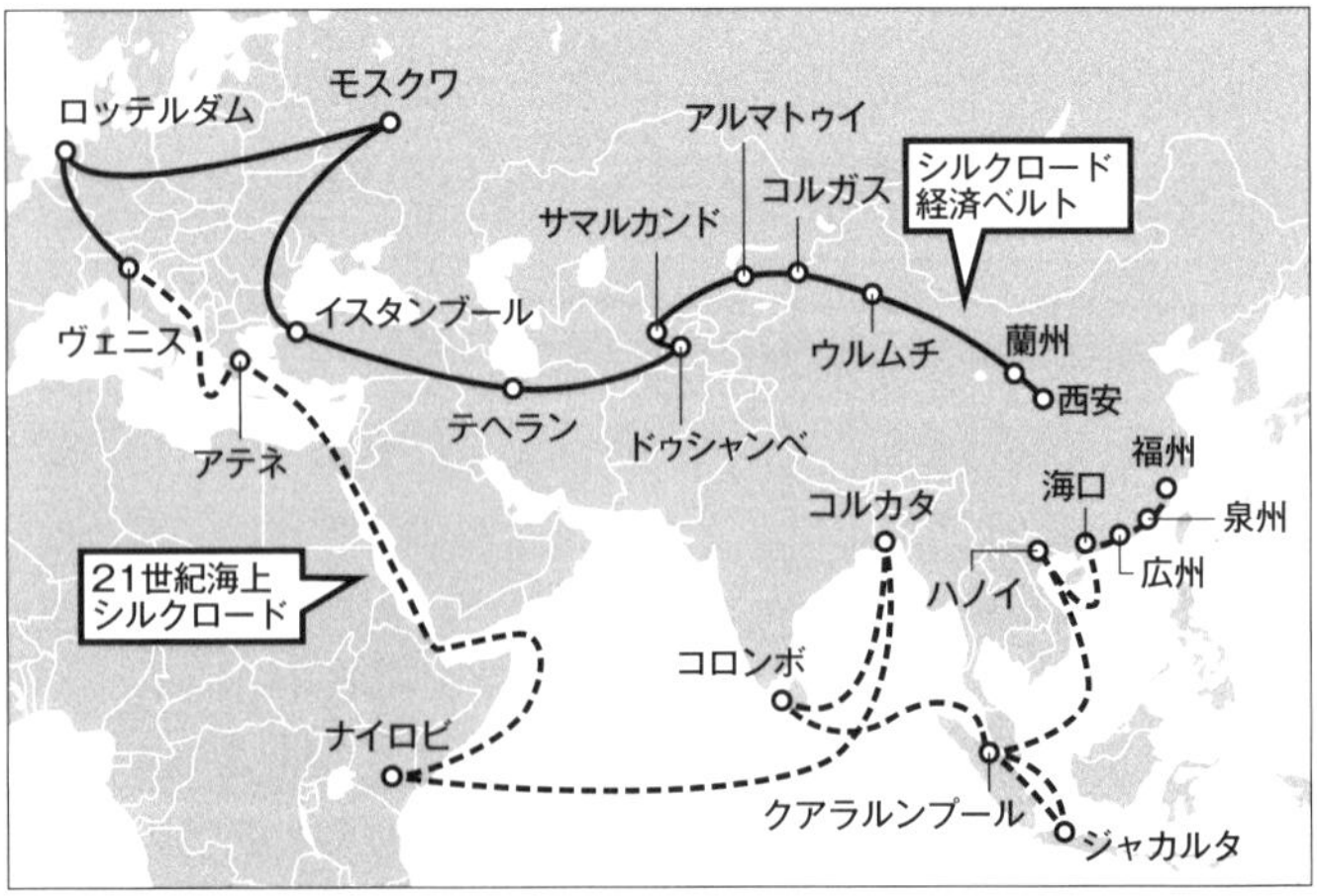

「一帯一路構想」とは、中国の習近平国家主席が推進する「陸のシルクロード（一帯）」と「21 世紀海上シルクロード（一路）」の２つの経済・外交圏構想。アジアインフラ投資銀行（AIIB）などを通して、関係国に道路や鉄道、港湾、通信網などのインフラ整備を行い、新たな経済圏の確立を目指している。

うとしている。中国からドイツまでは三十分ぐらいで行けるような、ジェット機より速い速度で移動できるようなものをつくり出したら、ＥＵの経済も吸い込むことができるようになるからさ。

まあ、そういう構想はいろいろあるので。君らの「リニア構想」なんてのは、すごい後《おく》れた構想なんだよ。こちらのほうが、よっぽど進んでいるので。

あとは、「宇宙にも出ていく構想」はあるから、人口が増えすぎたら、月か火星にでも移住させることも考えてはいるんで。

いや、何とかして生き残りますよ。

「社会問題は、先進国と接して経済的練度《れんど》が上がっているため」？

武田　ただ、非常に細《こま》かい話で恐縮なんですが、ＮＨＫの番組で、中国には、そういった高度な技術の夢もある一方で、ヨーロッパから輸入している安全な粉ミルクを争って買おうとしているといったことが言われていました。そういう現状がある

●**弾丸列車**　2017年9月、中国のメディアは、中国の国営企業である中国航天科工集団が、航空機より高速で走行が可能な鉄道の開発に乗り出すことが分かったと伝えた。磁力で車体を浮かす方式を採用、チューブのような専用軌道のなかを真空にして空気抵抗を減らし、旅客機（時速約900キロ）を上回る超高速を実現するという。

わけですよね。
要するに、安全性のある粉ミルクでさえも十分につくれないし、自国の製品について国民から信用されていないわけです。非常にバランスが悪いと思うのですが。

始皇帝　ああ、それは、ものの見方が間違《まちが》ってるんじゃないかなあ。工場をつくって、工業国家を目指しているときには、工場からの廃液《はいえき》が川に垂《た》れ流しになって、河川の汚染《おせん》が激しくなって、変形した魚がいっぱい捕《と》れたりする。そういった日本の昔の公害病の時代みたいなもの、一九六〇年代、七〇年代に起きたことを中国は経験して、それで、今、食の安全とか、そういう問題になってきているわけで。
確かに、時代的には、日本が経験したときより遅《おく》れて起きてはいるけれども。そうした、赤ちゃんが飲む粉ミルクの安全性とかを庶民《しょみん》が考えるようになったということはだね、やっぱり、「文化レベルが上がろうとしている」わけで。それが必要だと思うことには、「新しいニーズ」がそこに生まれて、「新しい商機」が生まれてくるわけであるので。

このへんの、粉ミルクをどうするかは、まあ、数量の手配については中央経済でできるけれども、その質の手配、各家庭が満足するかどうかの質のレベルまでとなると、資本主義自由経済に似たものが多少とも発生しなければ無理になってくる。だから、「ヨーロッパと結ぶ」ことによって、そのへんの経済的な練度《れんど》っていうか、練《ね》れ方を高めようとはしてるってことだなあ。

途中《とちゅう》の試行錯誤《しこうさくご》のところを見て言うのは簡単だけれども、現実問題、日本の人口が今の十倍いたとしたら、そう言ったってねえ、北海道から沖縄《おきなわ》まで、みんな同じようなサービスを提供できるようになるかといったら、そんな簡単にはいかないですよ。途中で矛盾《むじゅん》が出て、うまくいかないところはいっぱいあるけれども、「それが問題だ」と発見されることによって、次に、いろいろと考える人が出てくるということだわなあ。

中央にいる人たちも、地方から来るいろんな苦情や、反乱につながりかねないような暴動の話も出て、「いったい何をどうすれば、それが収まるのか」っていうことは常に考えている。警察の出動もあるけれども、そうした食べ物の問題や健康被《ひ》害《がい》、そういうものについては、後《ご》手《て》後《ご》手《て》にはなりつつあるけれども、ちょっとずつ進めようとして努力はしてるんだということだわなあ。

11 「日本? 悪あがきしなければ、存在してもいい」

安倍《あべ》首相へのアドバイス

酒井 今の経済的な問題から考えてみても、まあ、先ほど、始皇帝は、「日本は〝ちっちゃい国〟で、大したことないんだ」といった話をしていましたが、日本はGDP世界三位です。中国にとって、この国の重要性というのは、かなり高いのではないですか。

始皇帝 うーん、まあ、今、日本は、徐福《じょふく》を送ったときの、〝不老不死の国〟に近づいてきてるんじゃないかなあ。百歳《さい》の時代が、この国に来ようとしているようだから。今、不老不死とは行かんまでも、「百歳まで人が生きられる国は、どうあるべきか」という意味での先見性をつくろうとしているんだろうから。
国が豊かになり、安全性が高まり、健康管理ができるようになるということは、「寿命《じゅみょう》が延びる」ということになるんで。その「百歳国家」っていうのは、どういうかたちで存在できるのかは、これから、あなたがたが見せてはくれるんだろうとは思うがなあ。

酒井　日本に対する中国の「未来構想」を教えていただきたいんですが。

始皇帝　特に期待していることは、何もない。

酒井　では、併合《へいごう》しなくてもいい、と？

始皇帝　とにかく、〝悪あがき〟だけしなければ、別に存在していてもいいよ。〝悪あがき〟だけはするなよ。

酒井　日本の経済力を取ろうとはされていないんですか。

始皇帝　日本の経済力こそがバブルだからさあ。

酒井　では、必要ない？

始皇帝　基本的に、裏付けが何もない経済力なので。それは、世界の国々が友好的であればこそ成り立っている経済であって、友好的でない国際秩序《ちつじょ》になれば、日本の経済なんていうのは、谷底に落とされるようになるだろうなあ。

酒井　中国には、太平洋に進出していく構想がありますが、実際に、それをこれからも進めていくのですか。

始皇帝　だから、安倍《あべ》首相等にもアドバイスはしておきたいけれども、中曽根《なかそね》（康弘《やすひろ》）が首相だったときのような、要するに、日本が「アメリカの不沈《ふちん》空母」であるかのごとき言葉を吐《は》いてだねえ、「アメリカに基地を貸し出して、アメリカの前線基地としてだけ機能する。日本列島だけ沈《しず》められたら、アメリカは安泰《あんたい》だ」みたいな、そんな国家観はつくらないようにしたほうがいいわなあ。負けは早めに見切ったほうがいいということだよ。

酒井　中国とアメリカとの戦いにおいても、日本列島は完全に中国を封《ふう》じ込《こ》めているかたちになりますよね、太平洋進出に対しては。

始皇帝　いやあ、そうはならないなあ。アメリカとの戦いではなくて、「アメリカとの戦いはなくして、終わらそう」としているので。

酒井　え？

始皇帝　アメリカの撤退《てったい》により、アメリカはもうアジアにまでは口を出さないように、世界の流れをつくろうとしているんであって。

酒井　明確な対立はしない、と？

始皇帝　アメリカはもう中国を抑《おさ》えることはできないです。これからもうすぐ二十億人国家になりますので、わずか三億人ぐらいの国家では、それはもう、とてもじゃないけど太刀打《たちう》ちできる相手じゃないですよ。クジラがイルカと遊んでるようなもんだからさ。

酒井　うーん。

中国十四億人で思考力があるのは百万人、あとは〝イナゴ〟

綾織　そのお考えのなかでは、まあ、先ほど、幸福実現党の話もチラッとありましたけれども……。

始皇帝　まあ、いずれなくなるだろうから、どうでもいいがな。

綾織　中国の現状を考えたときに、ある程度、豊かになって、その次に中国の国民が求めるものというのは、まあ、これは、宗教の話になりますが、幸福の科学が説くような「心の教え」、こうしたものが求められていると思うんです。中国の国民一人ひとりにとっての幸福のためには、やはり、幸福の科学的な考え方が必要ですし、そのなかには、幸福実現党の役割も入ってくると思います。

始皇帝　いやあ、いやあ、そんな〝ちっさいもの〟は、もうどうでもいいんだよ。中国人から見りゃあねえ、日本なんか行ったって、もうちっちゃなビルがいっぱいポロポロッと建ってる程度の島国にしかすぎないんで。まあ、観光に少し来てるぐらいだけど、日本じゃ退屈《たいくつ》して、今、中国人は世界中に行っているからねえ。まあ、日本の「幸せの国」っていうのは、ブータンみたいな国なんじゃないの？

綾織　「中国の方々が、何を本当に求めるのか」というところの認識が、私たちとは、まったく違《ちが》っているということだと思います。

始皇帝　まあ、求めるって、「何を求める」というほどねえ、人間を信頼《しんらい》してはいけないんであって。大多数は〝イナゴの大群〟なんで、食を求めて飛んでるだけですから、大多数は。思考力があるのは十四億のなかの、せいぜい百万人ぐらいだからねえ。あとはイナゴだから。

綾織　今のお話で、まさに、「人間に対する信頼の部分」が大きく違うなというのが、本当によく分かります。

始皇帝　だから、ブータンを目指しなさい、日本はねえ。で、害のない幸福な国を築いたらいいよ。

12　秦《しん》の始皇帝は、世界の指導者をどのように見ているのか

習近平《しゅうきんぺい》氏、欧州《おうしゅう》の指導者、イスラム圏《けん》に対する影響力《えいきょうりょく》は

酒井　話は変わりますが、始皇帝様は、転生輪廻《てんしょうりんね》というのは認識されているんですか。

始皇帝　やっぱり、中国の神である時代が長いから。神はそう簡単に下りてきてはいかんからねえ。

酒井　なるほど。その神の世界においては、どういう方がお側《そば》にいらっしゃいますか。

始皇帝　いやあ、私の上にいる人なんか、いるはずもなく。

酒井　いない？

始皇帝　うん。

綾織　下のほうには、どういう方々がついていらっしゃるんですか。

始皇帝　いやあ、やっぱり阿房宮《あぼうきゅう》は持っておるよ。

綾織　まあ、女性もいるのかもしれませんけれども、男性だと、どういう方がいますか。

始皇帝　男性は、宦官《かんがん》でないと基本的には置けないなあ。危険だから。

酒井　習近平《しゅうきんぺい》総書記の過去世《かこぜ》は、ジンギスカン（チンギス・ハン）だと言われていますけれども（前掲《ぜんけい》『世界皇帝《こうてい》をめざす男』参照）。

始皇帝　まあ、それだと、外国人だなあ。

酒井　あまり霊的《れいてき》には交流はないんですか。

始皇帝　でも、ときどきは指導はしてやってるよ。

酒井　指導はされているんですね。あの世においての交流はないんですか。

始皇帝　「あの世においての交流」って、どういうことだ？

酒井　あなたが住まわれている世界での交流という意味です。

始皇帝　いやあ、中国は、あの世なんかは、公式には認めていないんであって。それは、民間信仰《しんこう》としてのみ存在するんだよ。

酒井　あの世はない、と？

始皇帝　公式にはないね。

綾織　まあ、非公式でいいんですが。

始皇帝　公式にはないから、アヘンを吸ったときに見る妄想《もうそう》が、あの世だね。

綾織　では、ちょっと妄想っぽいところでいいと思うんですけれども、ご自身の周りにいらっしゃるのは、歴代の皇帝の方々なのでしょうか。まあ、〝下〟のほうだと思うんですけれども、彼らが、かしずいているというか、指示を待ってるというか、そういう状態ですか。

始皇帝　いやあ、それは、「住み分け」しているから、一緒《いっしょ》にはいない。

綾織　ああ、一緒ではない？

始皇帝　うん。一緒ではない。私の家来《けらい》は私の家来で集まっておるので。

綾織　ほお。どういう方々が家来にいらっしゃるんですか。

始皇帝　だから、●兵馬俑《へいばよう》でなあ、人形になってたようなやつが、実際の人間として周りにいっぱいいるわなあ。軍隊もいれば、阿房宮の〝美女軍団〟もいるし、いろいろあるわ。朝貢《ちょうこう》してくるし。

綾織　うーん。

酒井　では、話題を変えますが、現在、地上において指導されている方で、習近平総書記以外

●**兵馬俑**　兵士や馬をかたどった人形のこと。古代中国では、死者を埋葬する際、副葬品として、死者の臣下や衛兵などをかたどった人形をつくっていた。1974年に秦始皇帝陵《りょう》より発掘された兵馬俑が有名。(左)兵馬俑、(右)兵馬俑一号坑の全景。

にはどんな方がいらっしゃいますか。

始皇帝　もちろん、指導部で力を持ってきそうな人については、歴代、指導は加えてはいるけどねえ。

酒井　世界を見据《みす》えていらっしゃるので、世界にも指導の手を広められているのではないかと推定するんですけれども。

始皇帝　それはそのとおりだよ。もちろん、世界の皇帝になるべく今、努力はしておるよ。

酒井　世界各国において、特に指導を始めているような方はいらっしゃいますか。

始皇帝　まあ、今は、ＥＵをなあ、何とか傘下《さんか》に収めようとしているところではあるんで。お金がないからなあ。ＥＵは貧しい国が多くて、経済がうまくいっていないので、中国の巨大《きょだい》マネーでＥＵを買収したい。

綾織　ＥＵの首脳のなかの誰《だれ》かを指導されているんですか。

始皇帝　指導とまでは行かんなあ。やっぱり、外国人だから、そこまでは行かないけどねえ。

綾織　影響《えいきょう》は与《あた》えようとされている、と？

始皇帝　うん、ドイツだよなあ。

綾織　ドイツですか。メルケル首相ご本人ですか。

始皇帝　うん。それと、〝ロシアの復活組〟のあたりのところをどうするか考えなきゃいけないわなあ。旧ロシア圏《けん》の、東ヨーロッパのあたりの人たちを中国圏に引き込《こ》まなきゃいけないからなあ。

酒井　なるほど。イスラム圏で指導していらっしゃる方はいますか。

始皇帝　ズバリの指導はまだ難しいなあ。ズバリの指導は難しいと思うけれども。まあ、「いずれ全部、家来にはできるかなあ」とは思ってはいる。

北朝鮮《きたちょうせん》有事での米軍の動きはこうなる

酒井　金正恩《キムジョンウン》氏とは、どういう関係なんですか。霊的な指導としては。

始皇帝　うーん、わしから見れば〝小童《こわっぱ》〟であるから、まあ、どうってことはないんだけど。
君らは、あれをどうしてほしいんかね？

酒井　「核放棄《かくほうき》して、まず降伏《こうふく》する」ということでしょうね。

始皇帝　核放棄したら、国がなくなるだろうよ。

酒井　そうですね。

始皇帝　だから、そんなに喜んではいないわなあ。
アメリカが日本以外の国に再び核を落とせるかどうか。その〝肝試《きもだめ》し〟みたいなもんではあるわなあ。それができなければ、核大国になるわなあ、あの小さな国がなあ。

酒井　そうですよね。

始皇帝　「軍事というものが、どこまで現代的な権力となりうるか」という文明の実験だわなあ。そして、日本人が避難《ひなん》訓練ばかりしておれば、まあ、面白《おもしろ》がるだろうねえ。

酒井　ここに対しての、最終的な収め方の流れを教えてほしいんですが、やはり、「アメリカは北朝鮮《きたちょうせん》に攻撃《こうげき》に入る」と見ていますか。

始皇帝　うーん、まあ、「する」でしょうねえ。

ただ、何と言うか、アメリカは、ベトナム戦争等のなあ、いろんなのが長引いて犠牲《ぎせい》が多くなったのもあるから。「兵器としてのミサイルや爆弾《ばくだん》を落とす攻撃はする」と思うけれども、「地上軍のほうは、そんなに出たくはない」というのが本音で。

また、あれは、日本の自衛隊が行ってくれないだろうし、韓国《かんこく》軍と（共に）〝肉弾戦〟を繰《く》り返すこともできないから。まあ、「中国の軍を動かすことによって威《い》圧《あつ》して、武装放棄させる」ということを狙《ねら》うだろうね。

酒井　アメリカは、「核を使う」と思われますか。

始皇帝　まあ、その前に中国のほうが動くから、そこまでは行かないかもしれないな。

酒井　その前に中国軍が動く？

始皇帝　うん。

酒井　ただ、その前に、金正恩が核ミサイルを撃《う》つ可能性はないんですか。

始皇帝　そこまでやったら、ほんとに〝蒸発〟するだろうね、国がね。

酒井　その可能性はどう見てますか。

始皇帝　まあ、トランプさんの足場が悪いからねえ。そこ（核の使用）まではできないかもしらんね。なかから足を引っ張られるから。アメリカのマスコミが足を引っ張るから、そこまではできないかもしれないよねえ。

それに、（北の核の）脅威《きょうい》のあるほうの日本が、「核のない世界を」と一生懸命《いっしょうけんめい》に言っておるから、そこまでやったら支持を得られないと思うかもしれないね。

酒井　ただ、朝鮮戦争のとき、マッカーサーは、朝鮮半島を取られてしまうという認識の下《もと》で、「核を撃ち込むべきだ」と主張したんですよね。やっぱり、中国に取られたくないという面があったはずなので。

始皇帝　だけど、トランプさんからしたら、北朝鮮をもう一回、軍事的に、イラクみたいに支配するのは大変だろうと思うよ、現実には。

酒井　そうですね。ただ、自由主義陣営《じんえい》に入れたいという気持ちは、どうなんでしょうか。

始皇帝　まあ、そこまではこだわらないかもね。だから、貿易額では、「中国と北朝鮮」も大きかったし、「中国とアメリカ」も大きいからね。そのへんの経済的な損得勘定《かんじょう》で頭が動いておるから、何とか損得勘定が合うようにしようとはするだろう。

おそらくは、お金の大部分、軍事費の大部分は日本から吸い上げて、自分たちの軍事費に換《か》えるだろうけれども、実際の血はそんなには流したくはなかろうし。日本が、自分の国をそんなに護《まも》る気はないから、中途半端《ちゅうとはんぱ》なものに終わる可能性はあるな。

いずれにしても、「朝鮮半島は中国の支配下に置かれることになるだろう」という見方だな。

酒井　まあ、そういう考えなんですね。

13 二一〇〇年、世界帝国《ていこく》への野望

習近平《しゅうきんぺい》氏の「次の体制」についての構想

綾織　霊界《れいかい》の話に戻《もど》るんですけれども。「中国には、今、●フビライ・ハーンが転生《てんしょう》しているだろう」という話があります（『フビライ・ハーンの霊言《れいげん》』〔幸福の科学出版刊〕参照）。

始皇帝　うーん。

綾織　これが誰《だれ》かは、特定されているようで特定されていないところもあるんです

●フビライ・ハーン（1215 ～ 1294）　モンゴル帝国の第５代ハーン。モンゴル帝国の創始者チンギス・ハンの孫として生まれる。1260年、ハーンに即位。その後、南宋《なんそう》を滅ぼして中国を統一し、元朝《げんちょう》の初代皇帝となる。日本への２度にわたる遠征、いわゆる元寇は失敗した。（上）『フビライ・ハーンの霊言』（幸福の科学出版刊）。

が、おそらく、「習近平《しゅうきんぺい》総書記の次に出てくる方」ではないかと思われます。

次の代には、胡春華《こしゅんか》という方がいますし、習近平総書記の直属の部下のようなかたちで、陳敏爾《ちんびんじ》という方もいます。この方は、重慶《じゅうけい》市党委書記に新しく就任された方です。

始皇帝　うーん、うーん、うーん。

綾織　このあたりだと考えていいんでしょうか。

始皇帝　今はまだ、大会をやってるところだからねえ。話題性がないかもしらんが。まあ、もうちょっとしたら仕事をし始めると思うので、目立ってきたら呼び出して、霊言をさせてみたら、そのほうが、はっきりしてよろしいんじゃないかねえ。

●胡春華（1963～）　中国の政治家。北京《ペキン》大学中国語学科卒業。中国共産主義青年団第一書記、内モンゴル自治区党委員会書記、党中央政治局委員を経て、2012年12月より広東《カントン》省党委員会書記。

綾織　なるほど。

始皇帝　私から見りゃあ、どれも大したことはないので、それほどのもんではないが。

綾織　そうなんですか。

始皇帝　君らが恐《おそ》れるなら恐れてもいいかもしらんけど。

まあ、習近平氏の考えの流れを継《つ》ぐ者たちが出てくるだろうね。少なくとも、習近平氏の考えは、「二一〇〇年」まではいちおう見据《みす》えてはいるので。中国の国家としての戦略は、「二一〇〇年」までのものは、彼は考えてはいるのでね。その大きな流れは固めようとするだろうねえ。

●**陳敏爾**（1960～）　中国の政治家。中国共産党中央党校大学院修了。近年では、貴《き》州《しゅう》省党委員会書記、貴州省人民代表大会常務委員会主任などを経て、2017年7月、解任された孫政才《そんせいさい》の後任として重慶市党委員会書記に就任。習近平氏の側近として知られる。

「習近平思想」は「毛沢東思想《もうたくとう》」を超《こ》えていく

綾織　今回、「習近平思想」というのを出してきて、毛沢東《もうたくとう》を超《こ》えるという位置づけになるわけですけれども。

始皇帝　まあ、それはそうだろうね。

綾織　ちょっと気になることとして、あなたは、初代の毛沢東主席とは、霊界で交流はあるんでしょうか。今どういう状態なんでしょうか。

始皇帝　毛沢東はねえ、経済が分からなかったからねえ。

だから、今の中国人民は、毛沢東は〝飾《かざ》り〟としては言うが、心は完全に離《はな》れてしまってはいるわねえ。

『マルクス・毛沢東のスピリチュアル・メッセージ』
（幸福の科学出版刊）

まあ、どっちかといえば、毛沢東のほうはもう過去の存在であって、鄧小平《とうしょうへい》のほうが実際上の「中国の国父《こくふ》」みたいに見えているんじゃないかねえ。自分らの改革開放経済をやったのは彼だということで、そちらのほうを、どちらかといえば国父的に考えていて。

まあ、習近平氏は、毛沢東と鄧小平を合わせたような存在になろうとしている。「軍国主義の父で、国軍の父でもありながら、経済の旗手でもある」というふうに演出したいと考えているところだろうね。

ただ、経済的にはこれから未知のレベルに入っていくので難しいことはあるが、壮大《そうだい》な経済計画については、私のほうも多少は意見を言ってはいるから、大きな失敗はないであろうとは思うがなあ。

酒井　あなたの片腕《かたうで》であった李斯《りし》という方がいらっしゃいますよね？

『アダム・スミス霊言による「新・国富論」―同時収録 鄧小平の霊言　改革開放の真実―』（幸福の科学出版刊）

始皇帝　ああ。

酒井　この方は、今、生まれていらっしゃるんですか。何か分かりますか。

始皇帝　まあ、あんまりいい関係ではないので。

酒井　いい関係ではないんですか。

始皇帝　うーん、あんまりいい関係ではないんで。どこの国に行っているやら、ちょっと分からない。

酒井　なぜ、いい関係ではないんですか？

●**李斯**（生年不詳～前210）　中国、秦の政治家。荀子《じゅんし》に学ぶ。始皇帝に仕えて宰相となり、法治主義をとった。始皇帝の死後、宦官《かんがん》である趙高《ちょうこう》と共に胡亥《こがい》を皇帝に擁立し、実権を握るも、趙高に欺かれ刑死。

始皇帝　最期《さいご》を見たら分かるよ。使うところは使ったがな。だけど、あんまりいい関係ではないよ。その後はね。

酒井　なるほど。

始皇帝　まあ、当時の中国は、人材は豊富であるからねえ。世界各国に散っていったんではないかとは思うがね。ただ、私は私の王宮を守っている状態ではあるんで。北朝鮮《きたちょうせん》とかは、私から見れば小さなものであるんで、どうにでもなるから。君たちも、もう、あんまりグダグダとつまらんことはやらないで、〝大中国〟についてきなさい。

習近平氏の二一〇〇年構想には「アメリカ封《ふう》じ込《こ》め作戦」が

綾織　日本の神々については、どのように思われていますか。

始皇帝　まあ、〝地方官〟だよな、われわれから見ればな。

綾織　ただ、元寇《げんこう》のときもそうですし、先の大戦のときもそうなんですが、日本が本気を出したときは、中国はまったく敵《かな》わないですね。

始皇帝　まあ、あってはいけないことだよな。そういうことはあってはいけないことではあるので。

綾織　やはり、そういう時代の節目《ふしめ》節目には、中国に対して日本は立ち上がって、やるべきことをやるのだと思います。

始皇帝　まあ、少なくとも、二〇五〇年までには、日本人は、「英語から中国語に、外国語を変えるかどうか」っていう議論を延々としなければいけなくなると思うよ。経済的には、そちらのほうがビジネスになりやすいから。

綾織　私たちは、それに対して抵抗《ていこう》運動をやっていきますし……。

始皇帝　まあ、トランプと安倍《あべ》が組んだところで、〝大中国〟にはしょせん勝てないんだ。

綾織　安倍さんであればそうだと思います。

始皇帝　巨竜《きょりゅう》には勝てないんだよ。だから、もう大きな流れについていきて、〝徐福《じょふく》の国〟として生き残ることを願ったらいい。

綾織　日本も、もちろん護《まも》りますし、中国の方々の幸福も同時に考えてですね……。

始皇帝　だから、こんな小さな島国がさあ、たとえ核《かく》装備したところでね、大中国に核兵器を撃《う》ち込《こ》んで滅《ほろ》ぼすのは、世界が許さんでしょう。それは身のほどは知ったほうがいいよ。
　だからねえ、今でさえ、世界の五分の一は中国人なのであるからねえ。日本人なんかカウントされてないんだよ。

酒井　「いずれ世界の皇帝《こうてい》を名乗る」ということでよろしいですか。

始皇帝　まあ、そういうことだな。だから、中国が「世界の皇帝」を生むときには、背後には私が存在しているということだな。

まあ、イスラム圏《けん》も呑《の》み込む気ではいるし、EUも呑み込む気でやる。その間に、日米同盟なるものが衰退《すいたい》していくことを織り込んでいる。

酒井　うーん。

始皇帝　習近平氏の考えは、「二一〇〇年までの構想」は立っていて、あんたがたの考えとは逆に、「アメリカ封《ふう》じ込め作戦」が、そこには書かれているということを知ったほうがいい。

酒井　なるほど。分かりました。世界統一への道しるべを教えていただいたということで、本日はこのへんで……。

始皇帝　まあ、少しは賢《かしこ》くなったか。

酒井　はい。

始皇帝　うーん、まあ、よろしい。

酒井　本日は、どうもありがとうございました。

14　中国の世界戦略を超《こ》える「もう一段大きな構想」を

今の中国の霊的《れいてき》背景に秦《しん》の始皇帝と鄧小平《とうしょうへい》がいる

大川隆法　（手を二回叩《たた》く）うーん……、まあ、独特のあれでございますが。

ということは、今の中国は、この秦《しん》の始皇帝と鄧小平《とうしょうへい》あたりが、実質上仕切っている感じでしょうか。どうも、そのようですね。

あとは、世界戦略のなかで、ものすごく巨大《きょだい》な「経済戦略」を立てているようなので、これが成功するか失敗するかということでしょう。

ただ、「ケインズ経済」だとしても、世界レベルでそれができるかどうかは分かりません。大英帝国《ていこく》の繁栄《はんえい》は、いちおうあったことはあったので、できないことはないかもしれませんが、どうでしょうか。

ともかく、「世界支配」に乗り出してはいるようですね。これを、どう迎《むか》え撃《う》つかは、これからの考えですが、「もう一段、大きな構想」を持っていなければいけないと思います。

「思想家の力」を見落としている始皇帝の考え方

大川隆法　一方、〝抜《ぬ》けて〟いたのは、どんなことでしょうか。

（霊言《れいげん》のなかには）いわゆる情報統制や宗教弾圧《だんあつ》的な考えといったものが、だいぶありました。しかし、文明のもとには、やはり宗教があります。新しい宗教が文化として入っていくことによって、国民の考え方や、民間信仰《しんこう》、あるいは、個人としての考え方というか、自分の考え方が変わっていくかもしれないわけです。

そういう意味では、「思想家の力を軽視している」のではないでしょうか。孔子《こうし》のこともバカにしていましたが、どうせ、諸子百家《しょしひゃっか》的なものもバカにしているはずです。おそらく、「現実の権力を発揮できる人のほうが偉《えら》い」と思っているのかもしれません。

しかし、「思想家を甘《あま》く見てはいけない」と思います。その影響《えいきょう》は、最初は小さくても、だんだんと大きくなっていくものなのです。「日本の国家権力」が中国に挑戦《ちょうせん》するのは、そんなに簡単なことではないとは思いますが、「日本発の思想」が中国を変える可能性は大いにあると考えています。これについては、やれるところまでやろうと思います。

結局のところ、警察国家や軍事にかけた金を、経済的に回収しようとしているのでしょう。世界的な支配戦略で回収しようとしているわけです。そうなると、かつてモンゴル帝国に支配されたような国家がたくさん出てくることになります。

「中国が敗れたあと、どうするのか」を見据《みす》えた思想を提供する

大川隆法　しかし、これは、〝いずれ敗れる考え〟ではありましょう。「それが敗れたあと、どうするのか」まで見据《みす》えた思想を紡《つむ》いでいくことが、私たちの仕事だと

思っています。

確かに、日本は向こうからは小さく見えること自体はしかたがないかもしれません。きっと、中国の出口を塞《ふさ》いでいる〝いやらしい半島〟にしか見えていないのでしょう。しかし、かつてのギリシャのように、思想的に東洋をリードすることは可能ではないかと思うのです。

これは戦いですね。「世界は、始皇帝に支配されたいのか」ということでしょう。ただ、中国でさえ支配できずに滅《ほろ》びた者が、世界を押《お》さえられるでしょうか。あるいは、かつてのスターリンがなした仕事のようなものをやろうとしているのかもしれませんが、ここは頑張《がんば》りたいところですね。

今回は、「〝裏の参謀《さんぼう》〟の考えが見えた」ということでしょう。

酒井　はい。ありがとうございました。

綾織　ありがとうございました。

あとがき

無神論・唯物論の十四億人の大国は、万里《ばんり》の長城は知っていても、秦の始皇帝という霊存在が二千二百年の歳月を経て、まだ中国を闇支配《やみしはい》していることは知るまい。

彼は頭がいい。ある種の天才ではあるだろう。しかし、いかに「天帝《てんてい》」のようにふるまっても、美女三千人の阿房宮《あぼうきゅう》や、宦官《かんがん》たち、兵士たちに今も取り囲まれているというのであれば、そこは天上界ではあるまい。そこには、地上世界の推移《すいい》をも見通し、新しい世界地図の完成をもくろんでいる最大級の悪魔が存在しているはずである。
エル・カンターレの教えは、北朝鮮の悪魔、中国の悪魔の二体を、地上にて打ち破れるか。それは、この国の国民が「信仰心」を持つか否《いな》かにかかっているだろう。

二〇一七年　十月二十四日

幸福《こうふく》の科学《かがく》グループ創始者兼総裁《そうししゃけんそうさい》　大川隆法《おおかわりゅうほう》

『秦の始皇帝の霊言　２１００中国・世界帝国への戦略』大川隆法著作関連書籍

『国家社会主義とは何か──公開霊言　ヒトラー・菅直人守護霊・胡錦濤守護霊・仙谷由人守護霊──』（同右）

『中国民主化運動の旗手　劉暁波の霊言』（同右）

『未来創造の経済学──公開霊言　ハイエク・ケインズ・シュンペーター──』（同右）

『フビライ・ハーンの霊言』（同右）

『マルクス・毛沢東のスピリチュアル・メッセージ』（同右）

『アダム・スミス霊言による「新・国富論」──同時収録　鄧小平の霊言　改革開放の真実──』（同右）

『世界皇帝をめざす男』（幸福実現党刊）

『中国と習近平に未来はあるか』（同右）

秦《しん》の始皇帝《しこうてい》の霊言《れいげん》
2100 中国《ちゅうごく》・世界帝国《せかいていこく》への戦略《せんりゃく》

2017年11月2日　初版第1刷

著　者　　大《おお》川《かわ》隆《りゅう》法《ほう》

発行所　　幸福の科学出版株式会社

〒107-0052 東京都港区赤坂2丁目10番14号
TEL(03)5573-7700
http://www.irhpress.co.jp/

印刷・製本　株式会社 堀内印刷所

ISBN978-4-86395-951-4 C0031
カバー写真：Avalon/時事通信フォト
本文写真：akg-images/アフロ／アフロ／共同／ロイター＝共同／時事／EPA＝時事
Avalon 時事通信フォト／663highland／Bencmq／Mr. Tickle

大川隆法霊言シリーズ・中国の政治家の霊言

中国と習近平に未来はあるか

反日デモの謎を解く

「反日デモ」も、「反原発・沖縄基地問題」も中国が仕組んだ日本占領への布石だった。緊迫する日中関係の未来を習近平氏守護霊に問う。【幸福実現党刊】

1,400円

アダム・スミス霊言による「新・国富論」

同時収録 鄧小平の霊言 改革開放の真実

国家の経済的発展を導いた、英国の経済学者と中国の政治家。霊界における境遇の明暗が、真の豊かさとは何かを克明に示す。

1,300円

マルクス・毛沢東のスピリチュアル・メッセージ

衝撃の真実

共産主義の創唱者マルクスと中国の指導者・毛沢東。思想界の巨人としても世界に影響を与えた、彼らの死後の真価を問う。

1,500円

※表示価格は本体価格(税別)です。

大川隆法霊言シリーズ・中国の政治思想家の霊言

孔子、「怪力乱神」を語る

儒教思想の真意と現代中国への警告

なぜ儒教では「霊界思想」が説かれなかったのか？ 開祖・孔子自らが、その真意や、霊界観、現代中国への見解、人類の未来について語る。

1,400円

孫文のスピリチュアル・メッセージ

革命の父が語る中国民主化の理想

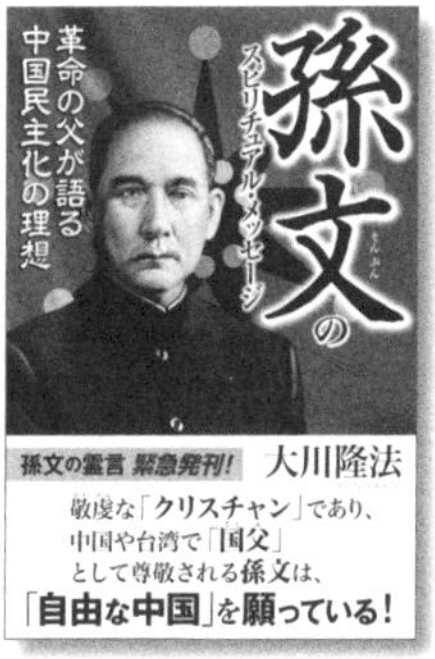

中国や台湾で「国父」として尊敬される孫文が、天上界から、中国の内部情報を分析するとともに、中国のあるべき姿について語る。

1,300円

中国民主化運動の旗手 劉暁《りゅうぎょう》波《は》の霊言

自由への革命、その火は消えず

中国人初のノーベル平和賞受賞者が、死後8日目に復活メッセージ。天安門事件の人権弾圧に立ち会った劉氏が後世に託す、中国民主化への熱き思いとは。

1,400円

大川隆法霊言シリーズ・時代を拓いた英雄に訊く

徳のリーダーシップとは何か 三国志の英雄・劉備玄徳は語る

三国志で圧倒的な人気を誇る劉備玄徳が、ついに復活! 希代の英雄が語る珠玉の「リーダー学」と「組織論」。その真実の素顔と人心掌握の極意とは?

2,000円

項羽と劉邦の霊言　項羽編 ── 勇気とは何か

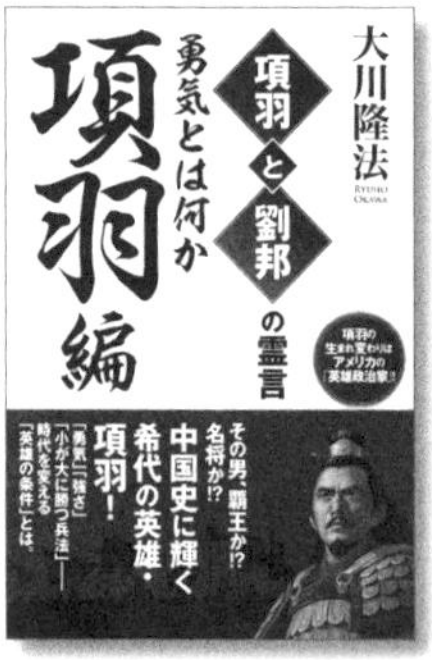

真のリーダーの条件とは何か──。乱世の英雄・項羽が、「小が大に勝つ極意」や「人物眼」の鍛え方、さらに、現代の中国や世界情勢について語る。

1,400円

項羽と劉邦の霊言　劉邦編 ── 天下統一の秘術

2200年前、中国の乱世を統一した英雄・劉邦が、最後に勝利をつかむための「人間学」「人材論」「大局観」を語る。意外な転生の姿も明らかに。

1,400円

※表示価格は本体価格(税別)です。

大川隆法霊言シリーズ・世界の政治指導者の本心

守護霊インタビュー
金正恩 最後の狙い

戦争の引き金を引くのか？ それとも降伏するのか？ ついに最終段階を迎えた北朝鮮問題――。追いつめられた独裁者が垣間見せた焦りと迷いとは。

1,400円

緊急守護霊インタビュー
金正恩 vs. ドナルド・トランプ

英語霊言
日本語訳付き

二人の守護霊を直撃。挑発を繰り返す北朝鮮の「シナリオ」とは。米大統領の「本心」と「決断」とは。北朝鮮情勢のトップシークレットが、この一冊に。

1,400円

ロシアの本音
プーチン大統領守護霊 vs. 大川裕太

「安倍首相との交渉は、〝ゼロ〟に戻った」。日露首脳会談（2016年12月）への不満、そして「日露平和条約締結」の意義をプーチン守護霊が本音で語る。

1,400円

大川隆法 霊言シリーズ・**全体主義と自由をめぐって**

赤い皇帝
スターリンの霊言

旧ソ連の独裁者・スターリンは、戦中・戦後、そして現代の米露日中をどう見ているのか。共産主義の実態に迫り、戦勝国の「正義」を糺す一冊。

1,400円

ヒトラー的視点から検証する
世界で最も危険な独裁者の見分け方

世界の指導者たちのなかに「第二のヒトラー」は存在するのか？ その危険度をヒトラーの霊を通じて検証し、国際情勢をリアリスティックに分析。

1,400円

ハイエク
「新・隷属への道」
「自由の哲学」を考える

消費増税、特定秘密保護法、中国の覇権主義についてハイエクに問う。20世紀を代表する自由主義思想の巨人が天上界から「特別講義」！

1,400円

※表示価格は本体価格（税別）です。

大川隆法ベストセラーズ・日本の取るべき道を示す

国家繁栄の条件

「国防意識」と「経営マインド」の強化を

現在の国防危機や憲法問題を招いた「吉田ドクトリン」からの脱却や、国家運営における「経営の視点」の必要性など、「日本の進む道」を指し示す。

1,500円

危機のリーダーシップ

いま問われる政治家の資質と信念

党利党略や、ポピュリズム、嘘とごまかしばかりの政治は、もう要らない。国家存亡の危機にある今の日本に必要な「リーダーの条件」とは何か？

1,500円

自分の国は自分で守れ

「戦後政治」の終わり、
「新しい政治」の幕開け

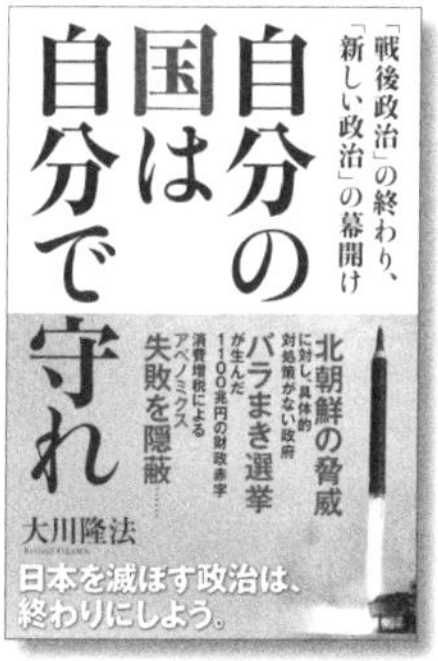

北朝鮮の核開発による国防危機、1100兆円の財政赤字、アベノミクスの失敗……。嘘と国内的打算の政治によって混迷を極める日本への最新政治提言！

1,500円

大川隆法シリーズ・**最新刊**

経営と人望力

成功しつづける
経営者の資質とは何か

豪華装丁
函入り

年代別の起業成功法、黒字体質をつくるマインドと徳、リーダーの条件としての「人望力」など、実務と精神論の両面から「経営の王道」を伝授。

10,000円

マララの守護霊メッセージ

イスラム世界を変える
新しい風

英語霊言
日本語訳付き

ひとりの勇気が、イスラム女性の未来を変える——。タリバンの銃撃にも屈することなく、女性の教育の必要性を訴え続けるマララの信念と夢とは？

1,400円

吉田茂元首相の霊言

戦後平和主義の代償とは何か

日本は、いつから自分の国を守れなくなったのか？ 戦後日本の政治体制の源流となり、今も政界の底流に流れ続ける「吉田ドクトリン」の問題点に迫る。

1,400円

※表示価格は本体価格（税別）です。

大川隆法「法シリーズ」・**最新刊**

伝道の法

人生の「真実」に目覚める時

法シリーズ
第23作

人生の悩みや苦しみは
どうしたら解決できるのか。
世界の争いや憎しみは
どうしたらなくなるのか。
ここに、ほんとうの「答え」がある。

2,000円

幸福の科学グループのご案内

宗教、教育、政治、出版などの活動を通じて、地球的ユートピアの実現を目指しています。

幸福の科学

一九八六年に立宗。信仰の対象は、地球系霊団の最高大霊、主エル・カンターレ。世界百カ国以上の国々に信者を持ち、全人類救済という尊い使命のもと、信者は、「愛」と「悟り」と「ユートピア建設」の教えの実践、伝道に励んでいます。

（二〇一七年十一月現在）

愛

幸福の科学の「愛」とは、与える愛です。これは、仏教の慈悲《じひ》や布施《ふせ》の精神と同じことです。信者は、仏法真理をお伝えすることを通して、多くの方に幸福な人生を送っていただくための活動に励んでいます。

悟り

「悟り」とは、自らが仏の子であることを知るということです。教学《きょうがく》や精神統一によって心を磨き、智慧《ちえ》を得て悩みを解決すると共に、天使・菩薩《ぼさつ》の境地を目指し、より多くの人を救える力を身につけていきます。

ユートピア建設

私たち人間は、地上に理想世界を建設するという尊い使命を持って生まれてきています。社会の悪を押しとどめ、善を推し進めるために、信者はさまざまな活動に積極的に参加しています。

国内外の世界で貧困や災害、心の病で苦しんでいる人々に対しては、現地メンバーや支援団体と連携して、物心両面にわたり、あらゆる手段で手を差し伸べています。

年間約３万人の自殺者を減らすため、全国各地で街頭キャンペーンを展開しています。

公式サイト **www.withyou-hs.net**

ヘレン・ケラーを理想として活動する、ハンディキャップを持つ方とボランティアの会です。視聴覚障害者、肢体不自由な方々に仏法真理を学んでいただくための、さまざまなサポートをしています。

公式サイト **www.helen-hs.net**

入会のご案内

幸福の科学では、大川隆法総裁が説く仏法真理《ぶっぽうしんり》をもとに、「どうすれば幸福になれるのか、また、他の人を幸福にできるのか」を学び、実践しています。

入会

仏法真理を学んでみたい方へ

大川隆法総裁の教えを信じ、学ぼうとする方なら、どなたでも入会できます。入会された方には、『入会版「正心法語」』が授与されます。

三帰《さんき》誓願《せいがん》

信仰をさらに深めたい方へ

仏弟子としてさらに信仰を深めたい方は、仏《ぶっ》・法《ぽう》・僧《そう》の三宝《さんぽう》への帰依を誓う「三帰誓願式」を受けることができます。三帰誓願者には、『仏説・正心法語《しょうしんほうご》』『祈願文《きがんもん》①』『祈願文②』『エル・カンターレへの祈り』が授与されます。

幸福の科学 サービスセンター
TEL 03-5793-1727
（受付時間／火～金：10～20時 土・日祝：10～18時）

幸福の科学 公式サイト
happy-science.jp

教育

ハッピー・サイエンス・ユニバーシティ
Happy Science University

ハッピー・サイエンス・ユニバーシティとは

ハッピー・サイエンス・ユニバーシティ（HSU）は、大川隆法総裁が設立された「現代の松下村塾」であり、「日本発の本格私学」です。建学の精神として「幸福の探究と新文明の創造」を掲げ、チャレンジ精神にあふれ、新時代を切り拓く人材の輩出を目指します。

学部のご案内

人間幸福学部

人間学を学び、新時代を切り拓くリーダーとなる

経営成功学部

企業や国家の繁栄を実現する、起業家精神あふれる人材となる

未来産業学部

新文明の源流を創造するチャレンジャーとなる

HSU長生キャンパス
〒299-4325
千葉県長生郡長生村一松丙 4427-1
TEL **0475-32-7770**

未来創造学部

時代を変え、未来を創る主役となる

政治家やジャーナリスト、ライター、俳優・タレントなどのスター、映画監督・脚本家などのクリエーター人材を育てます。4年制と短期特進課程があります。

・4年制
1年次は長生キャンパスで授業を行い、2年次以降は東京キャンパスで授業を行います。

・短期特進課程（2年制）
1年次・2年次ともに東京キャンパスで授業を行います。

HSU未来創造・東京キャンパス
〒136-0076
東京都江東区南砂2-6-5
TEL **03-3699-7707**

幸福の科学グループの教育・人材養成事業

学校法人 幸福の科学学園

学校法人 幸福の科学学園は、幸福の科学の教育理念のもとにつくられた教育機関です。人間にとって最も大切な宗教教育の導入を通じて精神性を高めながら、ユートピア建設に貢献する人材輩出を目指しています。

幸福の科学学園

中学校・高等学校（那須本校）
2010年4月開校・栃木県那須郡（男女共学・全寮制）
TEL **0287-75-7777**
公式サイト **happy-science.ac.jp**

関西中学校・高等学校（関西校）
2013年4月開校・滋賀県大津市（男女共学・寮及び通学）
TEL **077-573-7774**
公式サイト **kansai.happy-science.ac.jp**

仏法真理塾「サクセスNo.1」 TEL **03-5750-0747**（東京本校）

小・中・高校生が、信仰教育を基礎にしながら、「勉強も『心の修行』」と考えて学んでいます。

不登校児支援スクール「ネバー・マインド」 TEL **03-5750-1741**
心の面からのアプローチを重視して、不登校の子供たちを支援しています。
また、障害児支援の「**ユー・アー・エンゼル!」運動**も行っています。

エンゼルプランV TEL **03-5750-0757**
幼少時からの心の教育を大切にして、信仰をベースにした幼児教育を行っています。

シニア・プラン21 TEL **03-6384-0778**
希望に満ちた生涯現役人生のために、年齢を問わず、多くの方が学んでいます。

NPO 活動支援

学校からのいじめ追放を目指し、さまざまな社会提言をしています。また、各地でのシンポジウムや学校への啓発ポスター掲示等に取り組む一般財団法人「いじめから子供を守ろうネットワーク」を支援しています。

ブログ **blog.mamoro.org**
公式サイト **mamoro.org**
相談窓口 **TEL.03-5719-2170**

政治

幸福実現党

内憂外患《ないゆうがいかん》の国難に立ち向かうべく、2009年5月に幸福実現党を立党しました。創立者である大川隆法党総裁の精神的指導のもと、宗教だけでは解決できない問題に取り組み、幸福を具体化するための力になっています。

幸福実現党 釈量子サイト
shaku-ryoko.net

Twitter
釈量子@shakuryoko
で検索

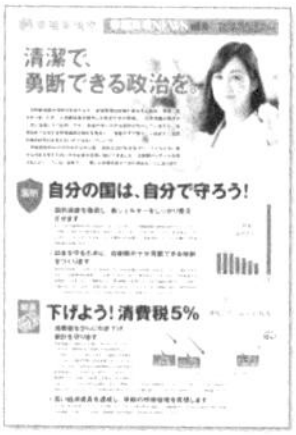

党の機関紙
「幸福実現NEWS」

幸福実現党 党員募集中

あなたも幸福を実現する政治に参画しませんか。

- ◯ 幸福実現党の理念と綱領、政策に賛同する18歳以上の方なら、どなたでも参加いただけます。
- ◯ 党費:正党員(年額5千円[学生 年額2千円])、特別党員(年額10万円以上)、家族党員(年額2千円)
- ◯ 党員資格は党費を入金された日から1年間です。
- ◯ 正党員、特別党員の皆様には機関紙「幸福実現NEWS(党員版)」が送付されます。

＊申込書は、下記、幸福実現党公式サイトでダウンロードできます。
住所:〒107-0052 東京都港区赤坂2-10-8 6階 幸福実現党本部
TEL **03-6441-0754** **FAX** **03-6441-0764**
公式サイト **hr-party.jp** **若者向け政治サイト** **truthyouth.jp**

大川隆法　講演会のご案内

大川隆法総裁の講演会が全国各地で開催されています。
講演のなかでは、毎回、「世界教師」としての立場から、幸福な人生を生きるための心の教えをはじめ、世界各地で起きている宗教対立、紛争、国際政治や経済といった時事問題に対する指針など、日本と世界がさらなる繁栄の未来を実現するための道筋が示されています。

8月2日 東京ドーム「人類の選択」

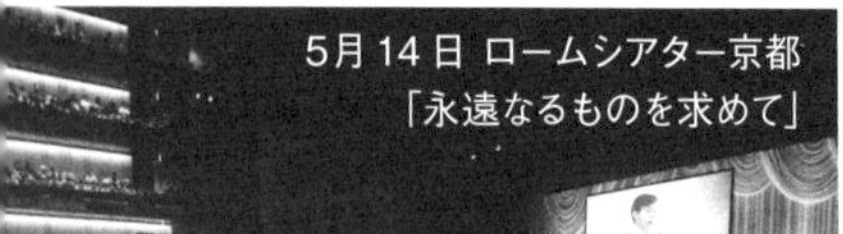

5月14日 ロームシアター京都
「永遠なるものを求めて」

4月23日 高知県立県民体育館「人生を深く生きる」

2月11日 大分別府ビーコンプラザ・コンベンションホール
「信じる力」

1月9日 パシフィコ横浜「未来への扉」

講演会には、どなたでもご参加いただけます。
最新の講演会の開催情報はこちらへ。⟹

大川隆法総裁公式サイト
https://ryuho-okawa.org